Simply わかる! ニーチェ

ピーター・ケイル Peter Kail
大戸雄真 Yuma Oto ＋太田勇希 Yuuki Ohta 訳

Nietzsche

春秋社

シェリルへ――運命愛《アモール・ファティ》

わかる！ ニーチェ 目次

序文……7
ニーチェの作品を解釈する

第1章 はじまり——『悲劇の誕生』と『反時代的考察』……23
ワーグナー・ショーペンハウアー・カント
『悲劇の誕生』をさらに詳しく
『反時代的考察』

第2章 新境地へ——『人間的、あまりに人間的』と『曙光』……51
近代的道徳の本質
自由精神とそのほかの概念
「私たち自身にも知られざるもの」

第3章 悪鬼《デーモン》と狂人——『愉しい学問』……75
神の死
「存在の美しき混沌」

第4章 ニーチェのバイブル——『ツァラトゥストラはこう語った』……101
『ツァラトゥストラ』をさらに詳しく
末人
永遠回帰

第5章 真理・自己・自己に関する真理 ──『善悪の彼岸』…… 129
『善悪の彼岸』
真理とパースペクティヴ
『善悪』のアイデアをさらに詳しく
力への意志に関する主張

第6章 病める動物の発明 ──『道徳の系譜学』…… 161
道徳の諸問題
「人間に関する本当の問題」
追加の解釈
禁欲主義的理想
神の死についてさらに詳しく

第7章 終幕に向けて ──『偶像の黄昏』・『アンチキリスト』・『この人を見よ』・そしてワーグナー再び …… 183
「宣戦布告」
精神状態の悪化

第8章 ニーチェの遺産 …… 199

読書案内 …… 205

訳者解説 …… 207

訳者あとがき …… 219

凡例

一、本書は Peter Kail, *Simply Nietzsche*, Simply Charly, 2019 の全訳である。
二、〔 〕は訳者による補足である。
三、「 」は基本的に原書の引用符“ ”に対応する。
四、『 』は書名、および原書の引用符中の引用‘ ’に対応する。
五、［ ］は著者のケイルによる補足であり、［……］は省略を表している。
六、——や（ ）は原則として原書に合わせて使用しているが、読みやすさの観点から適宜追加したり削除したりしている。
七、傍点は原書のイタリック体による強調に対応する。
八、原書には明らかな誤植が散見されるが、それらは修正したうえで訳出した。
九、原書で引用されているニーチェのドイツ語文献の英訳については、訳者がドイツ語原文を確認したうえで日本語に訳出した。ただし、著者の議論や文脈の都合上、原文のドイツ語よりも英訳を重視して訳出した箇所もある。

わかる！　ニーチェ

SIMPLY NIETZSCHE

文献略号表

以下の略号は、ニーチェのテクストからの引用箇所を指し示す際に用いられる。略号の後に続くローマ数字は、著作に応じて巻数・論文番号を示す（ただし各書の序文については序と表記した）。略号の直後（あるいはローマ数字の後）の漢数字は、節番号を示す。ただし『反時代的考察』と『哲学者の書』の場合は読者の便宜のためにちくま学芸文庫版『ニーチェ全集』のページ番号を表示している。

『悲劇』	『悲劇の誕生』
『反時代』	『反時代的考察』
『人間的』Ⅰ	『人間的、あまりに人間的』第一巻
『曙光』	『曙光』
『学問』	『愉しい学問』
『ツァラ』	『ツァラトゥストラはこう語った』
『善悪』	『善悪の彼岸』
『系譜学』	『道徳の系譜学』
『偶像』	『偶像の黄昏』
『アンチ』	『アンチキリスト』
『この人』	『この人を見よ』
『意志』	『力への意志』
『哲学者の書』	『哲学者の書（ニーチェ全集3）』渡辺二郎訳、ちくま学芸文庫、一九九四年。

序文

フリードリヒ・ヴィルヘルム・ニーチェ（一八四四—一九〇〇年）は、物を書いた哲学者の内で、最も才気にあふれ、論争を呼び、誤解され、中傷されながら、無二の個性を持ち、人を惹きつける、挑発的で複雑な人物の一人です。ニーチェの来歴の骨子は以下の通りです。父のカール・ルートヴィヒはプロテスタントの牧師でした。母の名はフランツィスカです。妹にエリーザベトがいましたが（彼女についてはのちほどもう少し詳しく述べます）、弟のヨーゼフは非常に幼くして亡くなりました。フリードリヒがわずか六歳のときには父がこの世を去り、一家はナウムブルクへの転居を余儀なくされ、この悲劇はさらに深まりました。一八六四年、ニーチェはボン大学に入りましたが、一八六五年にライプツィヒ大学へ転学します。当初の専攻は神学と文献学でしたが、神学はすぐにやめてしまいました。短くも悲惨な兵役期間の後、ニーチェはライプツィヒに戻り、一八六九年にはスイスのバーゼル大学古典文献学員外教授に選任されます。その翌年には、師であるフリードリヒ・リッチュルの影響にも助けられ、ニーチェは正教授になりました。彼は弱冠二十四歳だったので、これは驚くべき辞令にも思われます。しかし、並外れて早く職位を与えられたのは彼の天才性が早い段階で認知されていたあかしだと考えられがちではありますが、当時のバーゼル大学は大変な財政危機にあり、急場しのぎとして、少ない給料で済む人材、つまり若手を採用するという策を打っていたことも覚えておくべきでしょう。

教授職に選出される前に、二つの重要な出会いがありました。一つ目は、アルトゥール・ショーペンハウアーの哲学の発見です。ショーペンハウアーの影響はニーチェの初期の仕事で最も顕著に見られますが、それは終生ニーチェの頭から離れることはありませんでした。二つ目は、作曲家リヒャルト・ワーグナーとの個人的な出会いです。ニーチェはワーグナーと親しくなり、三年に渡って、彼とその妻コジマのもとを訪問していました。この関係性は非常に重要で猛烈なものでしたが、割合と短命に終わる運命でした。当初、ニーチェはワーグナーに心酔しており、おそらくは、コジマに恋心を抱いていました。三人の間では知的な談論が頻繁に交わされ、そこでのアイデアのやり取りはニーチェの初著『音楽の精髄からの悲劇の誕生』においてきわめて重要なものになりました。この作品は、何といっても、ワーグナーの神格化に近いものだったのです。しかし、詳しくは後の章で見ますが、次に訪れたのは幻滅で、その後のニーチェは、正気を失うまでずっと、ワーグナーを近代性の問題の権化として論述することになりました。これも後で見ますが、大学教授としての役割についても幻滅が訪れ、また、その後の生涯に渡って彼を付きまとうことになる病にも襲われました。

『悲劇の誕生』（一八七二年）は、学術コミュニティからの悪評と不信に見舞われました。その理由は、特に、ニーチェが厳密性を重視するドイツ型の才気煥発で将来有望な若き文献学者という前評判を持っていたからです。ある教授は、「全くもって馬鹿馬鹿しい」と明言し、学生たちはニーチェの授業を避けるよう忠告されていました。そして彼らは本当にニーチェの授業を避けたのです。このひどい状況に加えて、健康状態もどんどん悪化する一方でしたが、一八七九年にそこそこの額の年金付きで退職するまで、彼は職に就いたままでした。ただこの間もニーチェは執筆活動を続け、『反時代的考察』としてまとめられる四本の長い論文と、さらにもう一冊『人間的、あまりに人間的──自由精神のための書』（一八七八年）を著しています。

『人間的、あまりに人間的』の刊行を端緒とする期間は、しばしばニーチェの「中期」と呼ばれます。これは、知的な側面で言うと、ショーペンハウアーとワーグナーからの離反の時期ですが、どこかに定住して日常生活を送ることが終わりになったのもこの頃です。ニーチェは退職後、頭痛と吐き気の（手にしがたい）緩和を探し求めて、各地を転々とすることになったのです。彼は、イタリアのソレント、フランスのニース、スイスのリゾート地であるサン・モリッツやシルス・マリアで時を過ごしました。シルス・マリアは彼の避暑別荘となり、現在ではニーチェ記念館が置かれています。健康問題を抱えていたにもかかわらず、ニーチェの筆は進み、主著を二冊続けざまに公刊しました。『曙光』（一八八一年）と『愉しい学問』（一八八二年）です。ニーチェは多作ではありましたが、成功は収めませんでした。著書の売れ行きは悪く、当然ながら、彼はそのことを不愉快に思っていました。これとは別の、かなりドラマチックな幻滅が生じたのは、一八八二年に友人のパウル・レーと同じタイミングでローマへ赴いたときです。レーはニーチェを、二十一歳のロシア人女性、ルー・アンドレーアス＝ザロメに紹介しました。彼女は聡明で非常に自立心が強く、自身の独立を保つために、数多くのプロポーズを断っています。のちに彼女は、ライナー・マリア・リルケやジークムント・フロイトとねんごろな関係になっていきました。ザロメ、ニーチェ、レー、この三人の関係は、当初、知的な企て、あるいは冒険のように考えられていました。彼女は、この三人、あるいはとにかく少人数で、一年間、知的コミュニティを組んで共に生活しないかと提案しました。ニーチェはザロメにすっかり惚れ込み、自分に代わってプロポーズを伝えるようレーに依頼しましたが、このプロポーズはザロメに拒否されてしまいました。ニーチェは知りませんでしたが、この使者もまた彼女に惚れていたのです。三人はしばらく共に旅をし、各自の拠点に帰った後も、二人の男はそれぞれ手紙でザロメに恋心を伝えました。ニーチェは何とかザロメを説得してタウテンブルクという小村に来てもらい、二人は哲学について、そしてキリスト教への信仰を喪失したという共通点をめぐって語り合ったのでした。ところが、彼女は同時にレーとも連絡を取り合っていました。また、妹のエリーザベトもニーチェの辛苦の一因となりました。エリーザベトはザロメへの嫉妬から、この二人の関係をさらに悪化させてしまったのです。エリーザベトは兄と母に向けて、ザロメがニーチェの性格を中傷したと言い立て、ニーチェたちの関係性を気まずいものにしてしまいました。こうしたことを受けて、ニーチェはすっかり打ちのめされてしまい、怒りと自己憐憫の間を揺れ動いていました。

一八八二年よりも後の期間は、ニーチェの「後期」と呼ばれています。後期はニーチェの最も悪名高い作品『ツァラトゥストラはこう語った——誰のためでもあり、誰のためでもない書』で始まります。第一部と第二部は一八八三年に出版され、続いて第三部が一八八四年に、その翌年に第四部が出ました。一八八六年には『善悪の彼岸——未来の哲学への序曲』を上梓《じょうし》。一年後、最もよく研究されているニーチェの著作の一つ『道徳の系譜学』が刊行されました。同書では『善悪の彼岸』で鍵となっているテーマが詳述されています。ニーチェが執筆活動をした最後の年は一八八八年で、このときニーチェはトリノでも生活を送っていました。この年は、とてつもない生産性が発揮された期間でした。ニーチェが執筆したのは、『ワーグナーの場合——ある音楽家の問題』、『偶像の黄昏、あるいは、いかにしてハンマーで哲学するか』、『アンチキリスト』、『この人を見よ——いかにして人は現にあるところのものになるのか』という自伝（いやそれ以上の代物）、そしてワーグナーについての考察を編纂してできた『ニーチェ対ワーグナー』です。しかし、ニーチェの仕事が評判を集め始めていたちょうどそのとき、彼は狂気に落ちたのです。

身体的不調が癒えることはなく、ニーチェの行動もまた突飛なものになりました。彼はいくぶん錯乱した手紙を書いており、署名のところには「十字架にかけられた者」や「ディオニュソス」といったふうに記されていることもあります。自室で裸になって踊り歌っているところも見かけられていました。それからある逸話によると、一八八九年一月三日、トリノでニーチェは馬を鞭で打つ男を目撃し、その馬と男の間に分け入って泣きじゃくり、ついには卒倒したのです。この逸話の真偽はさておき、彼は一月一〇日にバーゼルの療養所《サナトリウム》に収容され、その後、母親の近くにいられるようにするためにドイツのイェーナへと移送されました。ニーチェの躁鬱病〔双極性障害〕は精神病へと変容しました。彼は梅毒にかかっていたと主張する人もいれば、そのふるまいの原因は非悪性の脳腫瘍だとする人もいます。原因が何であれ、残りの十一年間の人生はひどいものでした。ニーチェは母親に世話をしてもらえるように、子ども時代のほとんどを過ごした家へと戻りました。彼の身体的健康は精神的健康と同じ足並みで衰えていき、一八九一年までには車椅子生活となり、筋の通った考えを表現するというよりは、支離滅裂な言葉を口にするばかりになってしまいました。

皮肉なことに、ニーチェの健康が衰えていくにつれて、その名声は高まっていきました。ニーチェ全集は、彼の長年の友人であったハインリヒ・ケーゼリッツの編集のもと制作過程にありました。ケーゼリッツはニーチェにとって重要な人物でした。ニーチェの視力が落ちたとき、友人である彼が読み聞かせと口述の書き取りをしてくれたのです。逆に、ニーチェはケーゼリッツの楽曲を称賛し、彼に「ペーター・ガスト」というペンネームを授けました。これはおそらくモーツァルトのオペラ《ドン・ジョヴァンニ》に出典があります。ところが、またもやニーチェの妹が邪魔に入りました。今度は、母親からニーチェの著作管理権を強引に奪い、ケーゼリッツを解任し、ナウムブルクにニーチェ資料館《アルヒーフ》を創設したのです。それから彼女は、伝記作家のジュリアン・ヤングによる情感のこもった表現を借りると、身一つに「兄の遺したもの」を連れてワイマールへと引っ越しました。反ユダヤ主義者であったエリーザベトは兄の印象操作を始め、相当に卑劣な彼女の世界観に沿ってニーチェを神話化していきました。彼女が原因で、『力への意志』という偽書が出版されました。これは、公表の意図がなかったニーチェの覚え書きを、彼自身は放棄した計画に基づいて彼女がまとめたものです。ニーチェは一九〇〇年八月二五日に亡くなりました。ただ、自身の考えが妹によって勝手に歪められたことを知らずに済んだのは幸運だったかもしれません。これ以降も、さらなる歪曲と誤解が生じることになるのですが、これは、自伝『この人を見よ』に見られるニーチェの次の戒めに全くそぐわない事態です。曰く、「私は私自身だ。何より、私をほかの誰かと間違えないでくれ！」〔『この人』序一〕。

ニーチェの作品を解釈する

ニーチェは大きく曲解されていますが、それはニーチェ自身の責任でもあります。とはいえ彼はそうなるだろうと予期していました。ニーチェの文章は、「私はわかってもらえただろうか？」という問いで区切られていることもままあり、彼は、自分は「ほんの少しの人」にしか理解してもらえないと主張していました。ニーチェが誤解されていること自体は、皮肉なことに、まさにその文体の魅力と、持ち前の簡潔でありながら含蓄があって際限なく引用しやすい言い回しのせいであるところが大きいと言えます。その著作の多く（決してすべてではありませんが）は、短い文章の無秩序な寄せ集めのように見えます。そのせいで、不用心な読者が自分自身の予想と合うようにニーチェの言葉を引っ張り出して利用するという事態が生まれやすくなってしまうのです。大衆文化において、なぜニーチェがほかの哲学者とは比類のないような存在感を発揮しているかは、その魅力的で愉快な、そしてときに挑発的な文体という点からある程度は説明がつきます。数え切れないほどのポップソングが『偶像の黄昏』の「苦難を生き延びると、人は強くなる」〔Whatever doesn't kill you makes you stronger〕というニーチェの格言を多少変形させた形で引用しています。同じくらい数え切れないほどの映画もそうしています（私の個人的なお気に入りは、『ダークナイト』でヒース・レジャー演じるジョーカーが口にする「苦難を生き延びると、とにかく人はイカれちまう」

〔Whatever doesn't kill you simply makes you stranger〕です）。ウディ・アレン監督やメル・ブルックス監督、そのほかにも多くの監督の映画において、ニーチェ的と思われるテーマが直接引き合いに出されたり、一言触れられたりすることがあります。それに、『Beyond Good & Evil』〔「善悪の彼岸」の意〕という名のゲームソフトまでリリースされています。神の死・力への意志・超人・同じものの永遠回帰といった語句は、ニーチェを一文字も読んだことがない人の興味をもそそる上っ面の深遠さを伴っています。世間の多くの人が抱く哲学者に関するステレオタイプというのは、ニーチェの非常に印象的な外見や狂気に陥る卒倒によって体現された、いやひょっとしたら創造されたとまで言えるかもしれません。

相対的に見れば、これらは害のないことです。しかし、本書のあちこちでもう少し詳しく見ていく通り、ニーチェの主張内容の一部は、魅力的だったり挑発的だったりする文体だけでなく、きわめて不快な文体で記されたりもしています。ニーチェはときおり、非常に少数の優れた個人にばかり関心を寄せ、一方でそのほかの人類を、そうした少数の「主人」に比して見劣りがする、単なる多数の「奴隷」、「畜群」に属する「生理的に病的な」存在として非難しているように思われます。一九二〇年代、ネイサン・レオポルドとリチャード・ローブというシカゴ大学の学生二人は、自らの知的優越性を確証するものとしてニーチェを読み、それゆえ自分たちは道徳の制約から免除されているのだと考えました。彼らは、自分たちこそがニーチェによってときどき言及される優れた人間なのだと確信して、連続犯罪に乗り出しました。これは十四歳の少年ボビー・

フランクスの誘拐殺人という結末を迎えましたが、彼らはこの犯罪を「完璧《パーフェクト》〔完全犯罪〕」だと考えていました。この「世紀の犯罪」に続く「世紀の裁判」で、彼ら被告側の弁護士は有罪を認めながらも、青年二人はどちらも精神疾患の状態にあったのだと陪審員には主張しました。

レオポルドとローブの話がそれ自体として耳目を集めるものであることはたしかです。ニーチェの軽率な読解は、人の心の闇を燃え上がらせうるということの証左であると言えるでしょう。いや、軽率な読解だけではありません。先述の通り、妹がニーチェのテクストを巧妙な仕方で管理し編集したために、ニーチェは彼女自身の支持していた右翼運動の船首像とされてしまいました。この意図的な私物化（あるいは悪用）のせいで、ニーチェはナチ党の公式哲学者として知られるようになってしまったというわけです。ニーチェ自身はドイツ国家主義と反ユダヤ主義をどちらも等しく嘲笑していたので、彼にとっては耐えがたい皮肉でしょう。そればかりか、ニーチェは生前においても、エリーザベトによってドイツ国家主義のために不当に利用されていました。しかも彼女のこの尽力は大きな成功を収めることになります。第一次世界大戦中には『ツァラトゥストラ』がドイツ兵に配布され、のちにヒトラーはエリーザベトのニーチェ資料館《アルヒーフ》に資金援助したうえでたびたびそこを訪問し、彼女の葬儀にも参列したのです。とはいえ、私はニーチェの文章が誤った仕方で表現される可能性は低いと言いたいわけではありません。何しろニーチェは「金髪の猛獣」・「ユダヤ的な憎悪」・「主人」といった表現を用いており、貴族的なものを称賛しているのですから。しかしのちほど論じようと思いますが、こうした表現は、文脈に即して理解されれば、国家社会主義のイデオロギーとはかけ離れたものであるということが判明します。

ニーチェの文章は嫌悪感を催すような形で解釈できてしまうものであり、知ってか知らでか、都合の良いところだけ抜き出したような読解をされてもおかしくありません。この点については疑いの余地がありません。慎重な検討を経たニーチェ読解が行われたおかげで、ファシズムの妄想や、レオポルドとローブの幻想が支持しようのない読み方であることが示されているのはたしかです。ですが、だからといって、ニーチェの持論は近代的なリベラルの感覚に親和的だということになるわけではありません。さらに、ニーチェの見解は都合良く選り好みした読解をされがちであるために誤解されうるという問題は、「選り好みをしないように気をつけましょう」という賢明なアドバイスだけで解決されるわけではありません。ニーチェは間違いなく過激な哲学者なのです。さて、とはいっても、先ほどの二つとは別の仕方でニーチェのテクストを選り好みすることから生まれた読み方もあるため、それについてもここでしっかり考えておくべきでしょう。

この読解は、読み手が作り話《フィクション》を出版することに許可を出してしまったと言えます。ニーチェは初期の非公刊論文「道徳外の意味における真理と虚偽について」（一八七二年頃）で、真理とは「隠喩・換喩〔……〕の動的な一群で、〔……〕錯覚であることが忘れられてしまった錯覚なのである」（『哲学者の書』三五四頁）と書いています。「事実など存在しない、ただ解釈があるのみだ」（『意志』四八二）といった発言とこれが合わさることで、ポストモダン的なニーチェが捏造されました。ときにこれは、ニーチェが本当に言ったことにまつわる事実、いやそれどころか、一人のニーチェなる人物の存在にまつわる事実はないという主張と組み合わさることもあります。真理などというものは存在せず、知識や客観性とされているものは単に権力関係の問題でしかないのだから、あらゆる解釈は等しく「妥当」だということになります。それゆえニーチェ自身が単なるもう一つの解釈と化すとされるわけです。ニーチェはファシストのヒーローであるだけでなく、非合理主義者のヒーローであり、非理性の先駆者でもあるというのです。

しかし、これは俗説です。ニーチェ哲学はナチ党のイデオロギーとほとんど変わらないというのが俗説であるのと同じです。しかも、こうした誤った俗説は一般大衆の意識に入り込み、読者の頭に何らかの期待を植えつけることで、ニーチェ理解をいっそう困難にしてしまいます。こうした期待をあらかじめ抱いているせいで、読者は、すでに自分がそこにあるはずだと決めてかかっているものをまさしくそこに見出してしまうという具合なのです。それゆえ、そうした決めつけは脇に置かれる必要があります。そして私たちはニーチェを読むときには、これとは別のことを頭に入れておかなければなりません。第一に、ニーチェは様々なところで、自分のテクストの読み方に関するアドバイスを私たちに与えてくれているということです。一読しただけでは、ニーチェの意味するところは必ずしも明瞭にはわかりません。そこで彼は私たちに向けて、人は読んでから熟考すべきだと告げています。人は「ほとんど牛にならなければならず」(『系譜学』序八)、テクストを反芻《はんすう》しなければならないというのです。第二に、ニーチェの見解は時を経て変化しています。ですから、特定のテーマや問題はニーチェのキャリアを通してずっと繰り返し登場するとはいえ、たとえば『悲劇の誕生』の文章と『偶像の黄昏』の文章を並走させてしまうのは重大な過ちでしょう。第三に、ニーチェの言葉遣いはときに修辞的で刺々しいものですが、それは読者の内から反応を呼び起こすために綿密に作成されたものです。一見したところ、これは哲学者の執筆法、冷静で非感情的な書き方とは正反対ではないかと思われることでしょう。しかしながら、ニーチェが用いる文体のこの側面は決して偶然の代物ではありません。多くの哲学者は自らの哲学的立場を反映するような文体を採用しているという点を思い出しましょう。バールーフ・スピノザの『エチカ』は幾何学的証明の形式で書かれており、宇宙は合理的に秩序づけられた場所であるという彼の確信が表現されています。ルートヴィヒ・ヴィトゲンシュタインの『哲学探究』（における考察）は「交差し合う形」で配列されており、自然言語は雑多ではなく有機的であるという彼の確信が反映されています。また、ヴィトゲンシュタインの文体は、哲学的諸問題（彼はこれを、誤った言語観によって哲学者が人工的に発明したのだとしています）を解消するという彼のいわゆる「治療的」プロジェクトともつながっています。『系譜学』で最も顕著に見受けられるのですが、ニーチェのときおり修辞的で刺々しい口調には、ほかならぬ彼自身の哲学が多様な仕方で反映されています。第一に、のちほど確認するように、ニーチェは、人間は理性と思しきものによってではなく、深いところにあって相互に対立する価値判断によって無意識的に導かれていると考えています。ニーチェの言葉遣いの激しさというのは、そうした価値観を人の意識に上げるための一つの手段なのです。第二に、それはさらに、どんな人の内にも価値観の対立を引き起こします。ニーチェは「主人」と「奴隷」について語っていますが、第一印象としては、彼は「主人」を全面的に支持し、他方で「奴隷」は軽蔑すべきだと見なしているように思われます。ニーチェが血気盛んに好戦的な人々を賛美する姿を目の当たりにしてゾッとするか、ゾクゾクするかは読者によるでしょう。でも、二回、三回と読んでみると、つまり「反芻《はんすう》」の後には、「主人」と「奴隷」がもっとぼんやりとした色合いで描かれていることがわかります。そして、気持ちが共感の方へと近寄りながらも同時に反感の方へと離れたりすることが認識されると、読者がそうした人物について抱く見方はより複雑になっていきます。第三に、ニーチェも「治療的」目的を持っています。なぜならニーチェは、近代的道徳はニーチェの言う「高位のタイプの人間たち」にとって潜在的に有害であると考えており、そうした人間をこの害から解放したいと思っていたからです。彼らを解放する一つの方法は、彼らの情動、つまり彼らの感情・態度・価値判断を変えることだと言えます。ニーチェの修辞的な文体はまさしくこれを達成することを目指しているわけです。

序文を離れる前に、最後に一点。ニーチェは多作な著述家でした。そんな彼は公刊著作だけでなく、遺稿として知られる大量の非公刊資料も残しています。エリーザベトがこうした覚え書きから一つの作品を丸ごとでっちあげたことにはすでに触れましたが、その後、哲学者マルティン・ハイデガーは彼自身の哲学的な興味関心に突き動かされて倒錯的な考え方をするようになりました。ニーチェの本当の哲学はすべて遺稿の中にあるのであって、ニーチェが存命中に出版した著作の中にあるのではないと主張したのです。たしかに遺稿は非常に貴重な資料になりえます。けれども私たちはこれを注意深く扱わなければなりません。ニーチェは公刊著作を慎重に作り上げたのですから、ニーチェが残した大量の覚え書きではなく、これこそを信頼すべきものと考えるのが理に適っているのです。なので、私たちはニーチェの公刊著作に目を向けていくことにしましょう。

ピーター・ケイル
オックスフォード　イングランド

第1章 はじまり

――『悲劇の誕生』と『反時代的考察』

一八八六年、ニーチェは初著『悲劇の誕生』の第二版を刊行します。第一版の出版から十四年が経過していました。タイトルは『音楽の精髄からの悲劇の誕生』から、『悲劇の誕生、あるいは、ギリシア精神とペシミズム』へと改題され、「自己批判の試み」という序文も付けられました。タイトル変更の重要性についてはまた後で話しますが、『悲劇の誕生』は、「全くもって馬鹿馬鹿しい」と嘲笑的に評されたほど、控えめに言って「評判が悪かった」ということは本書の序文でも述べた通りです。しかし、一八八六年のニーチェ以上に手厳しい批判者はほとんどほかにいないと言っても過言ではありません。彼は〔その序文で〕次のように言っています。『悲劇』は「ありえない本」、「下手な文章で、重苦しく、みっともなく、比喩に熱狂した」本である。これは「傲慢にしてひどく熱中的な本」で、「傲慢すぎてその主張を証明できておらず、物事を証明してみせるという作法にすら疑いを持っている」。では、そこでは何が論じられているのか、この問いを頭に入れながらこの「ありえない本」の中身をのぞいてみることにしましょう。

『悲劇』執筆時のニーチェは、ショーペンハウアー哲学およびワーグナーの音楽と哲学の影響下にありました。これらを一切知らずして、彼の「ありえない」本を理解することはできません。ショーペンハウアー思想の簡潔な説明から始めましょう。ショーペンハウアーの代表作は二巻本の『意志と表象としての世界』です。一八六五年、ニーチェはこれをライプツィヒの書店で見つけました。本作の中心的な主張は驚くべきものです。私たちが普通に経験しているような世界、私たちがこのようであると考えているような世界は、本質的には、私たち自身の意識によって組織立てられ、構成されている現象の一形式だというのです。単なる現象ではないような世界もあるのですが、私たちが経験したり考えたりできるのは現象の特徴的な形式（川や木のような客体）であって、その存在は部分的には私たちに依存しているというわけです。私たちの意識的な生、私たちの日常経験の世界は、世界の本当のあり方とは異なる夢や幻想と多くの点で類似しています。個体的なもの（テーブル、椅子、木や岩）は、空間と時間の中で因果律によって関係づけられています。しかしながら、空間、時間、因果律、そしてそれらが関係づけているものは、「私たち自身にとって」存在しているだけです。空間・時間・因果律・個体性というのは、本当は空間も時間も因果律も個体性もないような世界を私たちが「切り分ける」ためのものにすぎません。

この点で、ショーペンハウアーは、大枠としてはイマヌエル・カントの哲学に従っています。私たちは、世界が私たちに向けて投影しているある種の現象という面からしか、世界を想像することができません。それゆえ、「経験的世界」（私たちが生きている経験世界）は心に依存しているということになるのです。

しかし、だからといって、「それ自体」としてある世界がなくなってしまうわけではありません。それはつまり、私たちが経験する現象を超えて成り立っているような世界です。私たちは、それについては何を語りうるのでしょうか？　カントの議論によると、私たちはそれに関する思考を形作ることすらできないため、それについては何も語れません。ある対象について思考するというのは、それがあなたやほかの人の心に現象する限りで思考することなのであり、人はそれをそれ自体として思考することはできないのです。それは、「何か」としか言いようがありません。そしてそれが、「物自体」と呼ばれているわけです。

しかしながら、ショーペンハウアーはこれとは違った論じ方をしています。私たちの世界における一切のものは、ある形式の現象、つまり世界「それ自体」が私たちに立ち現れる限りのものです。私たちの身体もそうです。なので、たとえば、私たちの手足は「現象」です。けれども、ショーペンハウアーが言うには、私たちは自分の身体と特別な関係を持っています。一方で、私たちの身体はほかのどんな物理的客体ともちょうど同じようなもので、空間と時間の中に位置しており、因果法則に従属しています。他方で、私たちは自分の意志を通じて、自分の身体を直接的にコントロールすることができます。このことから、私たちの身体については二重の見方があることになります。身体は自然界における客体（これは現象であることを思い出してください）であると同時に、私たちが自分の意志によって直接コントロールすることのできるものなのです。ショーペンハウアーの考えによれば、この二重の見方からは、世界それ自体は意志であるということ、すなわち盲目的な努力、私たちの努力に類似した、全宇宙へと拡張している盲目的な努力にほかならないということが示されます。私たちが知覚したり思考したりする事物は、本当は、この盲目的に努力する力の「客体化」だというのです。

　この主張は多くの読者の耳には大変奇妙なものと響くでしょうから、これが『悲劇』の中でどのように現れているかはのちほど見ていくことにします。しかしショーペンハウアーの哲学体系には、人間の意志がどのように構成されているかに関するより具体的な主張も見受けられます。そして彼はそこからペシミズムという哲学的立場（現実の本性に関する悲観的な見方）にたどり着くことになります。説明しましょう。世界は努力、意志であるため、私たちは何であるか――そしてあらゆる生物は何であるか――というと、それは努力だということになります。私たちは生物であり、生物はつねに本質的に努力するものであるというわけです。でも、問われなければならない別の問いがあります。私たちは生きていますが、そもそも生きることに価値はあるのでしょうか？　ショーペンハウアーにとっては、これこそが中心的な問いです。生存に価値はあるのでしょうか？　別の言い方をすると、生きないことよりも生きることの方がよいのでしょうか？

ショーペンハウアーの答えはノーです。生きることそれ自体に価値はないというのです。彼曰く、「人生はその土台全体からして真の幸福を得る力を持っておらず、人生は本質的に、様々な形をした苦しみであり、とことん悲惨な状態なのだ」。生き物は、苦しい欲求・努力・退屈の間を揺れ動きます。幸福が獲得されるのは、人が自分の欲求しているものを手に入れたときである、と思う人もいるかもしれませんが、ショーペンハウアーによると、そこで獲得されているのは、苦しい欲求の単なる中断でしかありません。「幸福」とは、苦痛の除去という単に消極的な状態でしかないのです。しかしながら、この「幸福」は長続きしません。私たちは退屈してしまい、私たちの苦しい欲望は私たちを別の目標の方へと再び駆り立てるのです。私たちは、単純に自殺してしまうという手段以外に、どうすれば自らを退屈と苦悩から解放することができるのでしょうか？　私たちは美や芸術作品の美的経験によって、人生の「本質」である苦悩から一時的な休止を得ることができるとされます。そうした経験をすると、私たちは意志の努力から引き離され、その苦しい効果から救い出され、平穏な状態のようなものに至ります。芸術は、私たちが「人生の本質」、つまり「絶えず努力する意志の苦悩」から逃れられるようにしてくれるわけです。

さて、ここからはニーチェに目を向けてみましょう（とはいえ、本書でショーペンハウアーを扱うのはこれで最後というわけではありませんし、ワーグナーについてもじきに触れていきます）。『悲劇の誕生』という書は、ペシミズムに対する答えを提示するための手の込んだ試みと言えます。ニーチェの見立てによれば、ギリシア文化においては、シレノスの知恵に謳われているペシミズムの真理が明敏な形で洞察されています。ギリシア神話に登場するミダス王は「人間にとって最善最上のこととは何か?」という問いへの答えを、ワインの神ディオニュソスの教師であるシレノスから聞き出そうとしました。ニーチェが伝えるところでは、その答えはこうです。「最善のことは、お前には叶わぬこと、すなわち生まれなかったこと、存在しないこと、無であることだ。しかし、お前にとって次善のことは——すぐにでも死ぬことだ」(『悲劇』三)。けれどもギリシア人たちはその文化のある段階で、この真理を正しく認識し、悲劇という形で、とりわけアイスキュロスとソポクレスの悲劇という考えうる最善の仕方でこれに応答しました。ペシミズムに対する唯一の見込みある応答は美的な性質のものです。これは、ペシミズムに対してショーペンハウアーが念願する美的応答に類似していますが、ショーペンハウアー版の応答とは、ある意味で大きく異なっています。

ニーチェに言わせると、この答えは、「生存と世界は美的現象としてのみ永遠に正当化される」(『悲劇』五)という根本的真理を体現し啓示するギリシア悲劇の最高潮において見受けられます。では、ギリシア人たちは一体どうやってこの答えにたどり着いたのでしょうか? ここでもまた、ニーチェの発想には明らかにショーペンハウアーの影響があります。ニーチェは、ショーペンハウアーの言う表象の世界と意志の世界に類似した、ギリシア文化において働いている二つの力を特定したと主張しています。この二つの力は、対立しながらも結託して、悲劇を生み出すとされます。ニーチェはそのそれぞれに、アポロとディオニュソスという神々にちなんだ名をつけました。アポロ的なものはニーチェ版の表象で、ディオニュソス的なものはニーチェ版の意志と言えます。たしかに、ショーペンハウアーは、世界が、表象・幻想・夢、つまり本当は意志である世界にかけられたベールであるかのように語ることがあります。世界が「夢」や「幻想」だと考えられる一つの理由は、それが私たちに、個々に分かれた物の世界を経験させるものでありつつ、それ自体としては、本当は単一のものだからです。ニーチェはアポロ的なものと関連させる形で、「個体化の原理」というショーペンハウアー用語を使っています（『悲劇』一）。アポロ的な衝動というのは、表象と形式への衝動であり、典型的には彫刻や叙事詩において示されています。それに対してディオニュソス的な衝動というのは、ショーペンハウアーの場合のような意志の盲目的努力ではなく、Rausch〔独〕すなわち陶酔への衝動、あるいは陶酔の状態とされます。ディオニュソス的な芸術において、この「陶酔」や「恍惚」は「個体化の原理の崩壊」（『悲劇』一）を意味します。私たちは個体性を喪失し、世界の根源的統一性を垣間見るというわけです。ディオニュソス的なものの典型は音楽だとされます。ニーチェによると、こうした衝動は、自己意識的な芸術や芸術家よりも先に存在しています。アポロ的なものの衝動とは、秩序と節度への衝動であり、他方でディオニュソス的なものの衝動とは、過剰への衝動、つまり節度から自由になろうとする衝動です。これらは、個体たる人間の内にも存在するような力であり、またあらゆる芸術の背景にある衝動だと言われます。この二つの間の対立はそれ自体が芸術的に有益で、その絶頂においてアッティカ悲劇を生み出します。ニーチェはこう言います。アポロ的な芸術家、「彫刻家および［……］叙事詩人は形象を純粋に見ることに没頭する」のに対して、ディオニュソス的な音楽家は「いかなる形象も持っていないのであり、根源的苦痛、その根源的反響にほかならない」（『悲劇』五）。

ニーチェはアポロ的なものについて、ホメロスの叙事詩との関連で、それもそこでの神々の扱われ方という話題の中で考察しています。ニーチェにとって大事なのは、ギリシアの神々が、キリスト教における神の考え方とは違って、超越的なものでも、あの世的なものでも、最高の道徳的模範でもないということです。ギリシアの神々には「道徳的気高さ」や「慈悲深い愛のまなざし」を示すしるしは一切なく、「霊性や義務」なども全くないというわけです（『悲劇』三）。その代わりにギリシアの神々は人間の存在、恐怖、そして喪失という人間にとって身近な困難な状況を、日常を超えた壮大なスケールで表現するのです。そのような神々は「人間の生を自ら生きることによって、人間の生を正当化する——これだけでも十分な弁神論ではないか！」（『悲劇』三）。しかしながら、芸術は夢のごとき現象、すなわちSchein〔独〕のレベルで作用しているまでであって、ディオニュソス的なものは欠けています。悲劇というのは、人間存在のこの二つの側面の芸術的な総合だとされます。現在では失われてしまっているのですが、アッティカ悲劇の合唱はディオニュソス的なものを表しており、この音楽はアポロ的な詩歌と組み合わさっています。まず、悲劇においては、人間存在の背後にある恐ろしい真実が認識されることになります。その理由はシンプルで、悲劇に登場する英雄の生はそれを取りまく環境によって破滅する運命にある、つまりハッピーエンドはありえないからです。大事なのは、そうした事実は、アポロ的なものの形象や言葉の点からだけ表現されるわけではないということです。合唱隊の音楽、そして祭典という状況における悲劇の舞台装置によって、合唱隊と聴衆の間の区別、および、双方を構成している個々人の間にある区別が取り払われます。「人間と人間との間にある」あらゆる「境界は、自然の心へと人間を連れ戻す圧倒的な一体感に取って代わられるのだ」（『悲劇』七）。この一体感に至ると、個体性を表すアポロ的な「夢」の背後にある根底的で恐ろしい真実が一瞥できます。とはいえやはりこの一瞥が耐えられるものであるのは、それがアポロ的な形で現れているからなのです。私たちは一瞬の間、どうにかして「根源的存在そのもの」となって、「生へと押し進み、突き進む無数の生存形式の膨大さを目の当たりにするとき、世界意志のあふれんばかりの豊饒さに接するとき」、必然的なものを知覚します（『悲劇』一七）。根源的存在を美的な装いのもとで一瞥すれば、私たちの生存はどうにかして正当化されるというわけなのです。

ワーグナー・ショーペンハウアー・カント

これがどのようにして働くとされるのかはあまりはっきりしませんが、エイアロン・リドリーが解釈しているように、[*] 根本的に不合理なディオニュソス的世界をこうして一瞥すると、どうに

* Aaron Ridley, *Nietzsche on Art*, (London: Routledge, 2007)

かしてその目撃者自身の生きようとする意志が再活性化されるのだと考えられるでしょう。ここから私たちは、ショーペンハウアー哲学のまだ触れていなかった側面、ワーグナーも関わってくるような側面に向かわされることになります。ショーペンハウアーにおいて、音楽は私たちと世界の本質とをつなぐ鍵だとされます。だからこそ彼は、音楽のためにそれ固有のカテゴリーを設定しているのです。世界それ自体——表象の夢のごとき現象を超えた世界——は意志だとされているということを思い出しましょう。意志の満ち引きは、つたなく不十分な形でとはいえ、私たち自身の欲求と行為の意識との内に現れます。しかし、それは私たちに対してほかのやり方で現れることもあります。それは、音楽の進行によって、つまりクレッシェンド・掛留《けいりゅう》・解決の有無によっても生じうるのです。ショーペンハウアーによると、音楽は意志の「写し」であるため、芸術的試みの中で最も深遠なものだと言えます。天才作曲家は、自分自身の感情、またはそれに類する単にはかないものを表現する作品を生み出すのではありません。そうではなく、天才作曲家はまさしく世界の本質を表現するのです。これに似た考え方は『悲劇』にも登場しているため、ディオニュソス的なものは音楽と密接に結びついていると言えます。ディオニュソス的な合唱曲というのは、「自身を表現せんとする自然の本質」(『悲劇』二)なのです。だからこそ、悲劇の誕生は「音楽の精髄」からの誕生であると言われているわけです。

ではこの流れでワーグナーの話をしましょう。想像にかたくないと思いますが、ショーペンハウアーはその音楽哲学のおかげで作曲家集団の間で人気者となっており、ニーチェ同様にワーグナーもショーペンハウアーの熱狂的崇拝者でした。序文で触れましたが、ニーチェはリヒャルト・ワーグナー、そしてその妻コジマととても親しい仲にありました。リヒャルトがコジマに新曲の「ジークフリート牧歌」を贈った一八七〇年のクリスマスの日、ニーチェもそこに同席していたほどです。リヒャルトの哲学的見解は、文化と社会の状況、そしてその再活性化の必要性をめぐるものでした（この点は当時としては特に珍しいことだったわけではありませんが）。彼は、人間集団がつながりを失った個人になってしまうという有害な分裂の発生、そして大量消費主義と低劣な快楽主義という双子的な脅威を至るところに見出していました。文化を統合し高尚にするためには、何かが必要だったのであり、ワーグナーにとってそれは「総合芸術」〔独：Gesamtkunstwerk〕というものでした。ここにおいて個人は統合された文化の内に意味と帰属を見出せるというわけなのです。ワーグナーはギリシア悲劇こそを総合芸術のモデルと目しました。ワーグナーはショーペンハウアーのペシミズムに加えて、音楽によって実在がさらけ出されると、ペシミズムへの答えが何とか提供されたことになるという彼の見解を信奉していました。しかし当然ながら、ワーグナーは単なる理論家ではありません。一八七六年の第一回バイロイト音楽祭（ニーチェはこの計画に手を貸していました）は、ワーグナーが自らの総合芸術を上演するという野望を具現化したものであり、それ以外の何ものでもありません。実を言うと、『悲劇』の最後の展開——第一六節以降——では、「悲劇の再誕」が可能となるのはワーグナーのオペラにおいてであり、ドイツ文化の状況次第でこの再誕のための機が熟すことになるという主張が披露されています。しかし、なぜニーチェはこう主張することができると感じているのでしょうか？　その理由を正しく理解するためには、『悲劇』の二つ目の展開を見ていく必要があります。そこでは、最高潮にあったアッティカ悲劇の衰退を裏で引き起こした力のことが描かれています。

ニーチェは二人の元凶を見定めています。劇作家のエウリピデスと哲学者のソクラテスです。「思想家であって詩人ではない」エウリピデスは「観客を舞台にあげた」とニーチェは言います（『悲劇』一一）。これは、エウリピデスにおける英雄たちは、不変の英雄性の修辞的類型ではなく、写実的・心理的に豊かな描写になっており、最も大切なディオニュソス的な合唱隊は脇に追いやられてしまったという意味です。悲劇におけるエウリピデスの写実主義的傾向の背後には、ソクラテスが潜んでいます。ニーチェの考えによれば、ソクラテスは理性の力に関する無際限の楽観主義を体現しています。アッティカ悲劇の頂点では、根本的に不合理な世界が洞察され、それが断念されます。ところがソクラテスはほかならぬこれに対して、いやそれどころか、世界そのものという考え方に対して反対の立場をとったのです。ソクラテスには神秘主義が完全に欠けており、彼は仮象なしでやっていこうとする確固たる意志を持っていました。理性こそが知と幸福に至るための道筋だというわけです。エウリピデスの劇にはこの楽観主義が反映されています。そしてそのせいで、悲劇は存在の根本的なディオニュソス的性格を垣間見せる機能を切り落とされてしまいました。ソクラテス主義が演劇を殺したのです。

こうして悲劇が死ぬと、生存の美的正当化も死ぬことになります。ニーチェとワーグナーは、悲劇を殺した合理性についての楽観主義こそが文化の衰退をもたらしたのだと考えています。さて、ここで私がまだ言及してこなかったテーマを一つ導入しましょう。おいおい見ていくことになりますが、このテーマは時期を問わずニーチェ思想のあちこちで繰り返し登場します。それはキリスト教以後の世界の出現です。キリスト教は、宇宙における人類の立ち位置をどう理解すればよいか、そのやり方を示しました。そうすることで、キリスト教はこの地上での苦しみを理解可能なものにして、人生に意味を与えてくれました。しかし、合理性は殺人的でもあるのです。ニーチェは『悲劇』においてキリスト教にはっきりと言及しているわけではありません。ですがそれでも、世界についてのこの考え方は、何にせよ少なくともある種の人々にとって、もはや維持できるものではないとニーチェが信じているのは明らかです。また明らかに彼は、この世界観が終わった後に残る空虚を埋める方法についてずっと関心を寄せています。この点に関しては、のちほどニーチェの知的経歴をたどっていく際にもっと詳しく見ることにしますが、さしあたり、これがニーチェとワーグナー双方にとっての関心事であったということを頭に入れておきましょう。さて、この衰退の一端は合理性の無際限の楽観主義に負うところが大きいのですが、合理性の方向性には新展開があります。その新展開というのは、ドイツ哲学、とりわけカントとショーペンハウアーの哲学のことです。ニーチェによれば、ドイツ哲学は彼ら二人の「途方もない勇気と知恵」のおかげで、「論理の本質に秘められていると同時に、私たちの文化の基底でもあるような楽観主義に対する勝利」を得たのです（『悲劇』一八）。ソクラテス的楽観主義、つまり理性は世界を隅から隅まですべて完全に把握できるという考え方は、本章の始めで触れたカント・ショーペンハウアーの主張と衝突します。彼らの主張によれば、私たちが経験する限りの世界は本質的に、一つの形式の現象にすぎません。論理と因果律はその世界にしか当てはまらないのです。したがって、世界そのものは合理的知の領域外に位置づけられます。カントが知識に限界を設定するのは「信仰に余地を残す」ためです。他方でショーペンハウアーの考えによると、私たちは少なくとも意志としての世界、理性によって制御されていない世界を一瞥しえます。これにより、二つのことが可能になります。第一に、もし世界が表象や形象であり、また、私たちがそのようなものとしての世界を決して超えていくことができないのであれば、神話的形象はもはや非正当なものではなく、賛美されるべきものということになります。第二に、それによって、「根源的一者」やディオニュソス的なものというニーチェの考え方、さらにはワーグナーの「総合芸術」を通じれば私たちはそれと再び交流できるという希望の余地が残されるのです。

『悲劇の誕生』をさらに詳しく

『悲劇』の論調と壮大な主張の内には、熱狂的な、いやあえて言えば、陶酔的な雰囲気が漂っています。すでに見たように、ニーチェ自身こそがこの作品の最も容赦ない批判者の一人だったわけですが、『悲劇』におけるテーマの一部は、彼が正気でいられた残りの期間ずっと頭から離れることはありませんでした。彼がショーペンハウアーとワーグナーの双方に幻滅するようになったのはたしかです。しかしこれは、彼が、ショーペンハウアー哲学のあらゆる面をひとまとめに拒絶したとか、ワーグナーの影響力に対して急に強い嫌悪感を持つようになったとかいうことを意味しているわけではありません。ニーチェはワーグナーの人間的魅力の魔力から抜け出し、ワーグナーによる文化再生の試みは間違っていると考えるようになりました。ショーペンハウアーの形而上学は、粗削りなままであれ、『悲劇』の中に入り込んでいますが、ニーチェはこれに対しても強い反感を持つようになります。この作品自体について言うと、『悲劇の誕生、あるいは、ギリシア精神とペシミズム』というふうに一八八六年に改題されたことから、ニーチェがこの著作のどこを重要だと考えていたかを知るための手がかりが得られます。『悲劇』の中心軸は、ペシミズムと、それに対するギリシア人の応答というわけなのです。新序文の「自己批判の試み」でニーチェが言っているように、「生存の価値に関する大きな疑問符」が依然として残されたままとなっています。彼はキャリアを通してずっとこの疑問符について熟考し続けました（ただし、もはやショーペンハウアー的な見方からではありませんが）。さらに新序文では、「強さのペシミズム」とニーチェが称しているものが暗示されています。これは、ニーチェの後期の仕事において見直されるペシミズム理解と関係しています。ショーペンハウアーは、芸術は意志の絶え間ない努力からの一時的緩和を構成すると考えていたということはすでに確認しましたが、彼はさらに、ペシミズムに応答できる倫理哲学も持っていました。この倫理哲学は生の自己否定・生の禁欲主義的自制の一種です。これは、生から身を引くことこそが、生の本質と言える苦しみに対する道徳的応答なのだということを意味しています。ニーチェ自身はこの応答にだんだん満足できなくなっていきました。強さのペシミズムというのは、苦しみに直面したときの弱さとは違って、生存の恐ろしい真実から目をそむけたり、身を引いたりしないものなのです。人は生をごまかしたり、生きることから身を引いたりすることを試みるべきではなく、むしろ苦しみをしかと受け止め、人生を肯定するべきだというわけです。ギリシア人たちの内にニーチェが見出したのは、まさしくこの特性にほかなりません。ギリシア人たちは生きることの恐ろしさを十分よく認識していましたが、それでもやはり人生を受け入れ続けました。ニーチェは『愉しい学問』第二版の序文でこう述べています。ギリシア人たちは「皮相的だった――深かったがゆえに！」。

すでに見たように、ニーチェは、ソクラテス主義こそが悲劇を殺し、さらには文化を衰退させる一因になったと責め立てています。そのうえソクラテス主義は、世界の道徳的正当化は擁護できることではないという主張にも一枚噛んでいます。理性はそれを提供できませんし、理性はさらに、キリスト教がもたらす道徳的正当化は擁護できないということまで示しているというわけです。では、理性が答えを与えてくれないなら、私たちはどうするべきなのでしょうか？　すでに見た通り、『悲劇』で示される応答は次のようなものです。すなわち、理性は私たちにどんなこともすべて伝えることができるという発想を退けて、その代わりに、世界を理解するための方途としての科学に対してポストカント的な制限を加えようというのです。そして『悲劇』においてニーチェは神話の中心的役割を復権させようとし、総合芸術は個体の現象の瞬間的な解消、および不合理で根源的でディオニュソス的な一者との接触を引き出すことができるのだという目を見張るほど奇抜な主張をしているのです。ニーチェはこの応答を早々に放棄しましたが、科学・文化・ペシミズム・キリスト教の関係について考えることはやめませんでした。彼は、真理に関する懐疑論（これについては『善悪の彼岸』を扱うところで少し議論します）をたわむれに考えてみた後、だんだん科学こそが真理に至る道筋であると確信するようになっていきました。ニーチェはさらに、カント哲学やショーペンハウアー哲学の条件となっているような区別、すなわち現象界——経験的世界——とそれ自体の世界の区別を退けるようになります。しかしながら、真理への道としての科学という考えにニーチェがどんどん自信を持っていったからといって、真理は幸福をもたらしたり、私たちを自由にしてくれたりするという楽観的な主張を彼が持っていたということにはなりません。ニーチェには、まだ真理の価値に関する問題が残っているのです。真理がこんなにも高く評価されているのはなぜなのでしょうか？　私たちは「どんな犠牲を払ってでも」真理をつかむべきであると私たちが考えるのはなぜなのでしょうか？　おいおい確認することになりますが、ニーチェはこの論点に関して、興味深い、ときに驚くべき発言をしています。ここではさしあたり、真理の価値へのこの関心は、ペシミズムと関係しつつもそれとは異質の脅威につながっていると述べるだけにしておきましょう。それはニヒリズムの脅威です。ペシミズムの場合、生きることには、否定的価値とはいえ価値が置かれています。生きるよりは、生きない方がいい、というわけです。それに対してニヒリズムの恐ろしい真理――仮にこれが真理であったらの話ですが――というのは、生きることにはいかなる価値もないということです。人間は生きていくために、その人生において価値を必要とします。ですが、価値あるものなど全くないのだとしたら、どうなるのでしょうか？

『反時代的考察』

ニーチェは一八七〇―七一年の普仏戦争に衛生兵として従軍し、前線に赴きました。この経験を経て、一つの国民国家としてのプロイセンという理想像を信奉していた男ニーチェは、「祖国」なるものに懐疑的な見方をとる人物へと変貌を遂げます。それほどショッキングな経験だったのです。さらには、その後の生涯に渡ってニーチェを悩ませていく慢性的な病の症状が現れ出します。ニーチェが苦しみの問題を夢中になって考え続けていたというのも無理はありません。身体には不快感や痛みが生じ、吐き気を催すこともたびたびありました。そのせいでまともに動くこともできず、苦悶するばかりという日々も珍しくなかったほどです。身体的苦痛だけにとどまりません。『悲劇』に対する反応に起因する苦痛もニーチェを悩ませました。先に述べたように、その反応は厳しいものだったのです（もっとも、当然ながら、ワーグナーをカルト的に崇拝する集団にはこの作品を愛する人たちもいましたが）。ニーチェをけなした公開パンフレットが広く流通し、学生たちはニーチェの授業には出席しないよう勧められていました。すっかり憔悴《しょうすい》してしまったニーチェは、ワーグナー一家と一緒に過ごすはずだったクリスマス、それを辞退しました。この対応は相手方には侮辱だと受け取られ、これをきっかけに、彼らの強固な関係は終わりへと向かうことになります。病と失望、ニーチェはしかしこれにめげることはありませんでした。執筆に献身的に取り組んでいこうという固い決意のもと、『反時代的考察』を全体のタイトルとして、教育・哲学と文化・都市・キリスト教の気質といった多様なトピックについて、少なくとも十三篇の長い論文を書き上げるという構想を立てていたのです。とはいえ、このプロジェクトから実際に生み出されたのは四篇の論文のみにとどまります。

一つ目の論文は「ダーフィト・シュトラウス、告白者と著述家」（一八七三年）というものですが、これはニーチェの一番の自信作ではありません。ドイツ人神学者のシュトラウスは、イエス・キリストから神秘性を取り除こうとする著作を刊行していました。この『イエスの生涯』（一八三五―三六年）という作品から若きニーチェは多大な感銘を受けました。これも一つの要因となって、彼は信仰を投げ捨てたのです。しかしながら、ニーチェはこの『反時代的考察』の第一篇でシュトラウスを攻撃しています。その大きな動機は何だったのか、それは、ワーグナーを喜ばせるためだったと言っても決して過言ではありません。というのも、ワーグナーは、のちのシュトラウスの著書『古い信仰と新しい信仰』（一八七二年）をひどく嫌っていたからです。ニーチェはシュトラウスのスタイルをあまりに激しい罵倒の言葉を用いて非難したため、その攻撃をすぐに後悔するようになりました。シュトラウスはニーチェの論文が出版された後すぐに亡くなったのですが、このとき、ニーチェはある手紙にこう記しています。「ぼくとしては、自分のせいで彼［シュトラウス］の最期がつらいものになったりはしなかったということを望んでいるよ。彼がぼくについて何も知らずに亡くなったのならいいんだけどね」。とはいえ、ニーチェの罵詈雑言の背後には、文化への関心というものが見受けられます。これは先に述べた『悲劇』の内に見られるそれと類似のものです。『反時代的考察』第一篇を基礎で支えているのは、そうした文化への関心であり、これにはプロイセンの国家主義に対するニーチェの幻滅が反映されています。多くの人は、フランスに対する勝利によってプロイセンの優越性が証明されたと思っていました。ですがニーチェの考えによれば、これは自国優位思想《ジンゴイズム》にほかならず、バイロイト音楽祭がもたらすとされていた真正の文化とは対照的です。文化として救済をもたらす芸術の再誕、ニーチェはなおもそれを期待していたというわけなのです。

　ところが、バイロイト音楽祭のプロジェクトは期待されていたほどはうまくいきませんでしたし、金銭的援助も不足していました。ワーグナーはニーチェにこのプロジェクトのマニフェストを書いてくれないかと頼み、ニーチェはそれに応えています（ただし、後援委員会が選んだのは別の考案者による声明書だったのですが）。さて、このとき彼は『反時代的考察』の第二篇「生に対する歴史の利害」を執筆しているところでした。これが出版されたのは一八七四年です。この論文では、ニーチェとワーグナーが共に関心を寄せていたトピック、つまり歴史的知識の価値、さらにはこれと関連して、様々な様式の歴史の意義をめぐる問題が扱われています。ニーチェは、歴史を三つの種類に分類しています。「記念碑的」歴史・「骨董的」歴史・「批判的」歴史です。「人間性への信仰の根本思想」（『反時代』一三六頁）は記念碑的歴史において表現されるのであり、これは人間的偉大さの模範を代表しているとされます。私たちにとって記念碑的歴史が持つ価値というのは、人は「それ〔記念碑的歴史〕から、かつて現存していた偉大なものはとにかくかつて可能だったのであり、それゆえまた再び可能であろうということ」（『反時代』一三八頁）を学べるという点にあります。しかし、単純で無批判の崇拝には危険が伴うため、これは和らげる必要があります。骨董的歴史家は、偉大なものに焦点を置くのではなく、過去のあらゆるものを再表現したいと考えます。そうすることで彼らは、現代の偉大な人物（おそらくワーグナー？）を抑え込もうともくろむ人々に見られる傾向、すなわち歴史の再表現を完全に偽りの偶像に変えてしまう傾向を是正できるのです。抑制されないままの記念碑的歴史は、「現代の偉大な強者たちに対する憎悪を、過去の時代の偉大な強者たちに対するあふれんばかりの称賛に変装させた仮装」（『反時代』一四二頁）なのです。しかしそうは言っても、骨董的歴史は過去の「ミイラ化」であり、変化というよりは保存にこそ焦点を当てています。そのため、必要なのは批判的歴史、すなわちただの保存でも神話制作でもなく、過去に対して審判的なアプローチを行う歴史なのです。適切に行われさえすれば、歴史は「芸術」になります。なぜならそれは、私たちが持つ現在の文化の健康に資するために、過去に対しては表現力あふれた仕方で選択的・価値評価的スタンスを示すべきだからです。

また『反時代的考察』第二篇には、客観性の観念に対する批判的反省のきざしも見受けられます。これについて少しお話ししましょう（ただし詳しい議論は本書の後半にゆずります）。客観的であるというのは、自分の価値観・利害関心・偏見を脇に置いて、「本当に起こったこと」をありのままに記録し、過去を「鏡映する」ことを目指すことだろうと考える人がいるかもしれません。歴史家は自らがこうしていると考えているけれども、それは思い違いだということは言うまでもなく、価値観や利害関心なしで過去にアプローチするというその発想それ自体が不整合なものです。過去に何が起きたかを問うためには、そもそもそれを問うことにどんな意義があるかを多少なりとも感じていなければなりませんが、このこと自体が自身の価値観や利害関心に依存しているのです。「本当に起こったこと」に関する問いへの答えを決定すること、いやその問いを立てることすらも、ある政治的物語や、ある時代の女性の地位、あるスポーツチームの発展、あるいは別の歴史的側面に興味があるかどうかに依存していると言えます。「本当に起こったこと」を価値観や関心から独立して決定するという発想は成り立ちません。ただし、これは、そうした問いに対する答えが、世界において成り立っている事実からいかなる制限も受けないということではありません。そうではなく、利害関心や価値観なしでは、過去に関する問いが正しい仕方で立てられることは絶対にありえないという意味として理解してください。

『反時代的考察』の残りの二篇「教育者としてのショーペンハウアー」と「バイロイトにおけるリヒャルト・ワーグナー」でもって、「初期」ニーチェは終わりを迎えます。これについては、この時期のニーチェの覚え書きが参考になります。第一に、哲学的な面では、ニーチェがのちに発展させていく考え方のきざし、そしてそれを表現するための独特な文体のきざしが見受けられます。第二に、一八七四年以降は、ワーグナーに対する批判的見方が生じています。「教育者としてのショーペンハウアー」が驚くべき論文であるというのは、よく指摘されることです。そしてこの指摘は正しいものだと言えます。というのも、この論文には、『意志と表象としての世界』で表現されている、ショーペンハウアー哲学の中核的な部分がほぼ完全に抜け落ちているからです。先述のように、ニーチェはショーペンハウアーの形而上学を放棄し、それに立ち戻ることは決してなかったのです。では、この論文は何について論じたものなのでしょうか？　タイトルから示唆されるように、これは教育者としてのショーペンハウアーについて論じたものですが、教育者というのは、ショーペンハウアーが教授であるということを指しているわけではありません。それどころか、ショーペンハウアーの持つ特定の学説のことが言われているわけでもありません。むしろそれは、彼こそが支配的な文化的潮流から距離をとることができるような人物の見本という意味なのです。『反時代的考察』第二篇における記念碑的歴史は模範的な人物たちにも焦点を当てていますが、ショーペンハウアーはまさしく模範であるということによって教育を施しているのです。大学教授たちに対してショーペンハウアーが示した嫌悪、ニーチェはこれを称賛の対象としています。この点は、ニーチェ自身が学術界での人生に希望を失っていたという事実と、ショーペンハウアーの思想は当時支配的だったヘーゲル哲学に真っ向から対立していたという事実を考えれば、驚くべきことではないでしょう。しかし、ショーペンハウアーという模範（これはニーチェの思い描くイメージ像でしかないと言ってほとんど差し支えありませんが）は、もっと広い意味を持っています。つまり、偉大な個人——哲学者・芸術家・聖人——が文化を豊かにすること、それは文化自体の要請だというわけです。

この大きな考え方には多くの側面があり、いまからそれらについて簡潔に述べていきますが、もっと細かい議論は本書の後半にとっておきます。まず第一に、いまやおなじみの決まり文句があります。それは、現代文化は「無気力」に陥っており、「道徳的活力はすべて［……］引き潮の状態にある」というものです（『反時代』二四五頁）。ニーチェは、そうなった原因は複数かつ複雑だと認めてはいるものの、一つの原因をピックアップしてみせています。キリスト教の理想と古典文化の理想との間の揺れ動きです。キリスト教的な理想は維持できなくなったのですが、それらの影響は深いところまで浸透しているため、ギリシア人たちの道徳へと単純に立ち返ることは不可能になっているのです。第二に、ニーチェの考えによれば、そのような文化的状況は、生を再活性化する能力のある偉大な個人の生産にはつながりません。まさしくここで、ニーチェの反リベラル的側面が宣言されていることになると言えます。「人類は個々の偉大な人間を生み出すことに絶えず取り組まなければならない――これこそが、そしてただこれのみが人類の課題なのである」（『反時代』二九五頁）とニーチェは書いています。ニーチェはさらに、この主張がにわかに信じがたいものと受け取られるのを見越して、すぐさま読者個人に対して、「お前の生、その個人としての生は、一体どうやって最高の価値と最深の意義を獲得できているというのか？」（『反時代』二九六頁）と問いかけます。ニーチェによると、世間の人々は国家のために喜んで自分を犠牲にするものですが（普仏戦争の記憶がまだニーチェの頭に残っていたのでしょう）、健康な文化こそがどんな国家よりも重要なのであり、文化を再活性化できるのは偉大な個人だけなのです。私たちは偉大な個人の成長につながる条件を発見し、それを生み出すことを目指すべきだ、ニーチェはそう断定します。第三に、ニーチェは自己というものについて熟考し始めています。この点をめぐっては、のちに、「現にそうであるところのものになる」という言い方がなされます。でも、これはパラドキシカルであるように聞こえないでしょうか？ 人は、すでにそうであるところのものに、どうやってなることができるのでしょうか？ ざっくり言うと、現にそうであるところのものというのは、何らかの固定的な自己や魂のことではありません。むしろそれは、私たちをあべこべの方向に引っ張ろうとする様々な性向・欲求・感情・価値の集まりのことなのです。現にそうであるところのものになるというのは、そうした対立する要素がすべてひとまとまりに集まって、統一体を形成しなければならないということを含意しているわけです。例の「教育者たち」――自らの大成のための条件をもたらすという義務を持った偉大なタイプの人々――は、ある理想を与えてくれます。それは、私たちの種々様々な心的要素をよりいっそうまとまったものへと組織化させてくれるような理想です。「自己を発見するための、普段もうろうとしてさまよっている私たちが我に返るための」最良の「手段」がどのようなものであるか、彼らはそれを自ら模範として示しているというわけなのです（『反時代』二四〇頁）。

「バイロイトにおけるリヒャルト・ワーグナー」でニーチェは、作曲家ワーグナー、およびバイロイトでニーチェが出会ったワーグナー支持者たちに対して公明正大な批判をしようとしていますが、この試みは失敗に終わったと言えるでしょう。彼らの関係性にひびが入り始めていたというのは、すでに言及した通りです。ニーチェはバイロイトで行われた試演に何度か出席していましたが、そこで会った人々を激しく嫌い、即座に退出して、田舎へと避難しました。ニーチェとワーグナーは、ヨハネス・ブラームスの値打ちをめぐって衝突していました。「バイロイトにおけるリヒャルト・ワーグナー」では、ワーグナーは他者を圧倒してしまうおそれのあるような「暴君的」側面を持っていると言われています。それでも、ニーチェはワーグナーを頻繁に引用しており、そこにはワーグナー芸術の理想が表されています。ニーチェは、ワーグナーとの別れの理由は、彼がオペラの《パルジファル》にキリスト教を導入したからだとのちに主張しています。ですが、それが理由というのはあまり真実味がありません。それよりはるかに可能性が高いのは、ニーチェが成熟していったおかげで、ワーグナーの圧倒的な人間的魅力の影から抜け出せるようになったからというものです。こうしてニーチェは独り立ちしていくことになったのですが、彼が再びあのときの幸せを味わうことはなかったと言えるでしょう。

第2章 新境地へ

——『人間的、あまりに人間的』と『曙光』

一八八六年、ニーチェはそれまでに刊行した本それぞれに新たな序文を書きました。すでに引用した『悲劇』の新序文もこの一つです。その二年後、ニーチェは独特な自伝的作品『この人を見よ』を執筆します（ただしこれは一九〇八年まで出版されませんでした）。この書の「なぜ私はこんなに良い本を書くのか」と題された節では、それまでの自著が再考されています。『この人』については本書でも後でまた論じますが、その中でニーチェが『人間的、あまりに人間的——自由精神のための書』に関して述べていることは、この作品の検討の良い出発点になっています。ニーチェ曰く、「私が自分の本性に属さない諸々から自らを解放した」著作、それが『人間的、あまりに人間的』なのです。文章の調子は「完全に変化して」おり、ニーチェ自身に向かう「真の進歩」が生じたとされます。諸々の間違いは「凍死させられ」、「あらゆる『高等な詐欺』・『観念論』・『美しい感情』に一気にとどめが刺された」。また、この本は「譲歩を重ねたり、迎合したり、自分で自分を誤解したりするのはもうやめようと私の本能が固く決心した瞬間」でもあると述べられています。『この人』内の『人間的』の要約でも明らかなように、これらの言明を、ワーグナーおよびショーペンハウアーとの決別の記録と見ることは難しくありません。ニーチェはワーグナーにこの本を送ったのですが、それはちょうど、逆にニーチェがワーグナーからオペラ《パルジファル》の台本を受け取ったタイミングと重なっていました。この事態をニーチェはこう表現しています。すなわち、この二つの本が道で交差したときには、「剣と剣が交差したときのような音が鳴り響いたのではないだろうか?」と。二人の決別は一夜にして起こったわけではありませんが、亀裂は生じたのです。ニーチェが『人間的』の執筆を始めたのは、バイロイトを早々に退散して数日以内のことでしたし、イタリアの美しい街ソレントで最後にワーグナーと少しだけ相まみえたときもまだ、ニーチェはこの著作に取り組んでいたのです。

『人間的』の初版はフランスの著述家ヴォルテールに献辞されています。これは、ニーチェがワーグナーのロマン主義、さらには『悲劇の誕生』で表わされた見方から哲学的な面で距離をとったという重要なシグナルです。ヴォルテールは、啓蒙主義的な楽観、また科学と人類の進歩におけるその役割への信頼の権化のような人物でした。一見すると、ヴォルテールは、ニーチェが『悲劇』において強い懐疑の目を向け、またワーグナーのロマン主義からも拒絶されたソクラテス主義を体現しているかのようです。ヴォルテールはまた、「フランス的」と言って間違いない『人間的』の「文章の調子」という点に関しても重要な存在でした。「フランス的」というのは、この本の大部を占めるアフォリズム〔箴言《しんげん》〕的な様式、軽やかな語り口、そして（ほどなく説明しますが）心理的観察への関心のことです。この意味では、ミシェル・ド・モンテーニュやフランソワ・ド・ラ・ロシュフコーなどといった「フランスのモラリスト」たちの著述は『人間的』の明らかな先駆けと言えるのです。

さて、『人間的』が「観念論」に一気にとどめを刺したというのは何を意味しているのでしょうか？　一つには、ニーチェが、カントとショーペンハウアーの哲学の基本条件である、現象界と世界「それ自体」との根本的区別を無きものにしたということだと言えます。つまり、『人間的』は、ニーチェの超越論的観念論への熱中に終止符を打ったのです。『この人』内の『人間的』解題で使われている言葉で言えば、「『物自体』は凍死させられた」というわけです。現象界の背後にある「根源的一者」との神秘的接触などというものへの関心はもうありません。『人間的』は、物自体の本当の世界と単に経験的な世界との区別、そして形而上学をも無用とするような、非常に反カント的な哲学観を体現した本だと思われます。これは、ニーチェがカントとショーペンハウアーを忌避したというだけの話ではありません。ニーチェはあくまでも文献学の教授だったのであり、正規に哲学の訓練を受けたことはありませんでした。しかし、彼の興味関心はかなり早くから文献学を離れて哲学に向かっていました。一八七〇年には哲学教授職に応募したほどです。当該分野での経験がなかったため、当然ながら採用はされませんでしたが。それでも彼は哲学や自然科学の領域における文献を幅広く読み続けました。そしてこの思想潮流の影響を受けて、ニーチェはカントとショーペンハウアーの形而上学から距離を置き、哲学に対する広い意味で「自然主義的な」アプローチへと向かうことになります。一般的に言って、哲学における自然主義は、真正な知を私たちにもたらすのは科学だけであり、それゆえ哲学的問題も科学の精神で取り組まれるべきだと主張します。加えて、自然主義は私たち自身に対するある態度を表すものでもあります。すなわち、人間は自然界のほかのものと種を異にするものではないという考えです。威厳を持ち洗練されてはいますが、それでもやはり私たちは動物なのです。人間本性は根本的に生理的な性格のものであり、また生理的作用は物理的作用の一形態にすぎないという見方は、フリードリヒ・ランゲが『唯物論史』（一八六五年）で提示しましたが、ニーチェの自然主義的転回はこの書に強く影響されています。

これがニーチェにとって何を意味したかは後でもう少し詳しく述べることにします。ここでは、ニーチェの新たな転回におけるもう一つの要因に着目したいと思います。それはパウル・レーとの友情です。レーについては、ニーチェをルー・アンドレーアス＝ザロメに紹介した人物として本書の冒頭で簡単に触れました。しかし、彼はそれ以外にも、ニーチェに対して意義深い貢献を果たしています。およそ七年の間ニーチェと友人関係にあったことに加え、知的な側面で、レーはニーチェの方向転換に多大な影響を与えたのです。レーは正真正銘、哲学の博士号を持っていました。そんな彼はニーチェと同じく、始めはショーペンハウアーに傾倒しましたが、ショーペンハウアーが表現したと思しき哲学への形而上学的アプローチをのちに否定するようになったのです。それだけではありません。彼の文章の書き方もニーチェに影響を及ぼすことになります。レーはフランスのモラリストたちを思わせる文体で執筆していたのですが、ニーチェもそれと同じような書き方をするようになったというわけです。また、レーは道徳に対して心理学的アプローチをとっていましたし、哲学一般に対する彼のアプローチは広い意味で自然主義的なものでした。二人に友情が芽生えてまもない段階で、ニーチェはレーの書『心理学的観察』を読んでいます。これは、内容も文体も、ドイツ形而上学の鈍重な大著とは全く別のものでした。

このようにレーは、ニーチェとルー・ザロメの運命的関係のきっかけを作っただけでなく、哲学的にも文体的にもニーチェにとって非常に重要な人物でした。彼ら二人は、ほとんど文字通り緊密に活動することになります。ソレントでは生活を共にし、ニーチェが『人間的』の執筆に勤しむ一方、レーは『道徳的感情の起源』という本を書き上げました。この時期彼らは互いにかなり切磋琢磨していたということです。ニーチェはのちに、レーの中心的主張のいくつかに関しては態度を変えましたが、レーが与えた影響には、終生彼の思考にとどまり続けることになる側面もあったのです。

では、『人間的』という著作そのものを見てみましょう。この作品は二巻本です。第一巻は一八七八年に、第二巻は一八七九年に刊行されました。第二巻は、「様々な意見と箴言《しんげん》」と「漂泊者とその影」という二部に分かれています。第一巻は、アフォリズムやより長めの文章を概説的な見出しのもとにまとめた章で構成されています。第一章「最初と最後のものごとについて」では、自然主義的で反形而上学的なニーチェの新たな考え方が宣言されます。人間は自然的な存在――あまりに人間的な存在――であり、肝心なことに、歴史的プロセスの産物だとされているのです。それまでの哲学の誤りは、人間を神に由来する永劫不変の本性を持つ存在と見なした点にあるのですが、本当は、ダーウィンが急激な成功を収めているのだから、人間本性は進化の産物と考えなければならないというわけです。つまり、ニーチェのアプローチは、人間の抱く信念や宗教のような慣行、そして道徳的態度が、ヒトという動物においてどのようにして生じたかを説明せんとするものなのです。最も重要なのは、次の点です。すなわち、道徳や芸術など、私たちが最高の価値を置くものが実際に存在しているからといって、これは、何か価値の高次の領域がなければならないということではなく、むしろ、動物的な感情や傾向性が様々に変化を遂げ、様々な解釈を受けてきた結果なのだと理解されなければならないという点、それこそが最も重要なのです。偉大なものでも、その起源は下卑たものであるかもしれません。この考え方はニーチェにとってずっと重要であり続けました。『善悪の彼岸』では、偉大な価値を持つものは「善き」源泉からしか生じえないという想定は、「哲学者の先入観」の一つであるとされています。そのような想定のもとでは、道徳は、神、あるいはプラトンが信じたように、日常的な世界を超えたところにある完全な善に由来しなければならないことになります。これに対してニーチェは、私たちの道徳は平凡な感情や欲求に由来すると考えたのです。

道徳については後でまた論じますが、『人間的』において生じた形而上学的なものから人間的なものへの移行からは、その第一巻第三章「宗教的生活」において宗教的な事柄に対して興味深いアプローチがとられているということがわかります。ニーチェは、宗教的信念が偽であると直接示そうとするのではなく、そうした信念が真であるという前提なしで、いかにして人々は宗教的信念や宗教的経験を持つに至るのかを明らかにしようと提案しているのです。人々がなぜ、彼らが実際持っているような信念や経験を持っているのか、これが宗教で言われていることが真でなくとも説明がつくのだとすれば、私たちは神を持ち出さなくても構わないことになります。信念や感情は、「高次の実在」との接触を示すものである必要はないのです。むしろ、日常的な感情は、神的なものを垣間見させるものだと誤解されてしまっているのであり、またこれは、ありふれたものに重大な意義を与えるような誘惑的な思い違いでもあるのです。

近代的道徳の本質

宗教的精神について論じる流れの中で、ニーチェは、彼が近代的道徳の核心と見なしたものに対して批判的な言説を展開し始めます。それは、「禁欲主義」、つまり自己否定あるいは「無私」

という理想です。道徳的に理想的な人間は、世俗的な物品や快楽、たとえば物質的な富や性的な満足を軽蔑していて、何よりもまず他人を気にかけているというのです。ニーチェは、まず、そうした行いの背後には、自己をコントロールし克己せんとする、より基本的な動機が潜んでいる、と唱えました。「無私」とは、本当のところ、力を行使するための戦略だというのです。私たちはみな、物質的な富や欲求の充足を切望し、他人よりも自分を優先するものですが、こうした衝迫をいつも発散できるわけではありません。そこで私たちは、自分の欲しいものを手に入れる代わりに、そういう衝迫をコントロールしたいとか、あるいはそれ以上に、こうした欲求を抱くべきだとか、あるいは現に抱いているということすら否定したいと思うのです。ニーチェによれば、私たちは「自然的であらざるをえないものを劣悪と称している」のです（『人間的』I 一四二）。宗教は、私たちの本性の一部を徹底的な悪と見なしているのです。これは、『道徳の系譜学』において結実することになる思想の始まりを告げるものだと言えます。というのも、この著作でニーチェは、近代的西洋道徳の背後にある心理を暴き出したと主張したからです。この考えについては、『系譜学』の話をする際により詳しく見ることにしましょう。

『人間的』で道徳が中心的に取り上げられるのは、しかし、第二章「道徳的感覚の歴史について」においてで、レーの影響が最大限に現れているのもこの章です。宗教に対するニーチェのアプローチというのは、様々な宗教的信念や宗教的実践を、心理学に依拠して説明しようとするものだという点はすでに確認しました。これと同様に、ニーチェは道徳的信念や道徳的実践を心理学的側面から解明し、さらには、道徳的感情に関する誤った解釈を白日のもとにさらそうと試みたのです。ニーチェが『人間的』において暴いたと主張している誤謬の一つに、私たちは、自分自身が必要とすることには目もくれずに、ほかの人の利益のためだけに行為するものだという考えがあります。この考えによると、真に道徳的な行為とは、「非利己的な」行為だということになります。ニーチェは、先に触れた禁欲主義の分析からも、そのような無私の行為の存在について非常に懐疑的でした。その一方で彼は、一見して私たちが利他的な仕方で――つまり、ただ他人への思いやりから――行為しているように思われる場合でも、私たちは実のところ自分自身の持つ欲求・傾向性・価値観から行為しているのだとも論じています。「個人的動機なしに、ただ単に他人のためだけに何かをしたというような人間はいまだかつて一人として存在しなかった」(『人間的』I 一三三)、彼はそう言うのです。しかしながら、この主張は本調子のニーチェによるものとは言えません。私たちは自分の欲求から行為するものだというのは全くその通りでしょうが、だからといって、そうした欲求が自分のための欲求であるということにはなりません。たとえば、自分の息子が人生で成功することを親が欲しているならば、その親は、自分のためではなく自分の子どものために何かを欲していることになるのです。

ニーチェの考えによれば、道徳にはもっと重大な誤謬が見られます。それは、道徳感情と自由意志の観念との間のつながりに関わります。人を非難したり称賛したりするとき、私たちは、そうすることは正当化されていると感じるものです。なぜなら私たちは、その人は現にしたこととは別のことをすることもできたと考えているからです。私たちは、誰かにある行為の責任を問うことができるのは、その行為が自由になされた場合のみだとしているのです。物乞いにお金を渡したフミオは、そのお金を自分のためにとっておくこともできたとか、マサミは盗みを働かないこともできたとか。ある行為が自由意志からなされたのでないならば、それを称賛したり非難したりすべきではないし、また、私たちが自由意志を持っているというのは、私たちが、実際にしたこととは別のことをすることもできた場合に限られる、ということです。ところが、私たち人間が実のところ複雑な自然的・生物学的な生き物でしかないのだとしたら、私たちのすることも端的に自然のプロセスの結果でしかないということになります。そうだとすると、私たちは、実際にしているのと別の行為をすることはできません。木から葉が落ちるとき、その木に葉を落とさない自由などないというのと一緒です。責任の感覚は、人間の本性が誤って解釈された結果として生まれるものであるとニーチェ考えました。『人間的』第一巻第三九節では「どんな人も自らの行いに対して責任を負うことはない」という発言が見られます。これは、人間はどうにかこうにか自然因果の領域を超越しており、自由に行為することができるとするカントの道徳哲学と対置させられます。ニーチェ曰く、この責任否定は、

> 認識者が飲み込まなければならない、何よりも苦い一滴である。〔……〕人間のあらゆる価値評価、あらゆる栄誉や嫌悪の感情は、これによって価値を失い、間違いとなる。(『人間

的』Ｉ 一〇七）

とはいえ、ニーチェは私たちに、この何よりも苦い一滴という嫌な後味を残しただけではありません。彼は私たちに、新たな思考の仕方、あるいは少なくともその端緒を示してくれています。私たちが過去から受け継いできた、他者や自己に対する向き合い方、それは誤りにすぎません（その中には、「やるべきだったことをやらなかった」という罪や瑕疵《かし》が含まれます）。また、禁欲主義との関連ですでに言及しましたが、これまで私たちは自分たちの持つ自然本能の一端を咎《とが》めてきました（私たちは「自然的であらざるをえないものを劣悪と称している」のでした）。ニーチェは、こうした見方は誤りだと暴くことで人々が自分自身のことを「見通す」という「新たな習慣」を生む一助になればと、そしてこれによって「賢明で罪のない［……］人間」が生み出されればと期待していました。目下、私たちは「愚かで、不正で、罪の意識を持った」人間だとされます（『人間的』Ｉ 一〇七）。けれども、私たちの直面している苦境を解決するためには、私たちが賢明で、正しく、罪の意識を持たない人間になればそれで済むというわけではありません。私たちの現在の道徳は、いくつもの間違いや誤った前提にまみれています。これらが一度破棄されれば、新たな道徳がそれに取って代わるだろうとニーチェは期待していたのです。

自由精神とそのほかの概念

しかし「新たな道徳」とはどんなもので、それは誰のためのものなのでしょうか？　二つ目の問いから始めましょう。『人間的』の副題は「自由精神のための書」です。では、この自由精神というのは何者なのでしょうか？　彼らの正体については、『人間的』第一巻第五章「高級文化と低級文化の徴候」からヒントが得られます。第一に、彼らは例外的で、稀有な存在だとされます。第二に、自由精神の「自由」というのは、むろん、ニーチェがきっぱり否定した自由意志のことではありません。そうではなく、自由精神を自由たらしめているのは、道徳の制約からの自由なのです。自由精神は「因習的なものから自らを解放した」のです（『人間的』Ⅰ二二五）。明らかに、自由精神は『反時代的考察』における偉大な個人をもとに発展したものです。この意味での自由には、道徳は無私であることを要求するものだという解釈からの自由という側面があります。ニーチェが言うには、自由精神は「邪悪な悪魔的存在と呼ばれるほかないほどに、虚言・暴力・斟酌《しんしゃく》のない利己心を自らの道具として巧みに操ってしかるべきものなのだ。それでも、そこここできらめく自由精神の様々な目標は、偉大で優れたものであるだろう」（『人間的』Ⅰ二四一）。自由精神は、自らの本性も目下の文化の基盤も熟知しており、それで自分自身の本性もその文化も「乗り越える」ことができるのです。

「自由精神」の価値は積極的にはどのような内容を持つのか、と疑問に思われるかもしれません。自由精神たちは道徳の文化から自由になっており、「偉大さと優秀さ」を目指すとされます。ですが、この「偉大さと優秀さ」が何たるものなのかは明らかとは言えません。これはニーチェ理解において未解決の謎のように残る点ですが、これについては後半の章でいくらか歩を進めることができるでしょう。しかし、ここにはさらにもう一つ、「健康」と「病気」の対比という見逃せない評価に関する側面もあります。「医者の将来」と題された節では、自由精神の促進においては、「いわゆる魂の苦悶や良心の呵責のすべてを慈善心によって切断すること」のできる人物が必要だと提唱されています（『人間的』I二四三）。ここでは、この文脈で言う「病気」は心理的な乱れの話であると想定されています。人間が病気であるのは、自分で自分を心理的に苦悶させるときであり、私たちの現在の道徳は、何らかの仕方で、この苦悶の一因になっているというわけです。そのような苦悶が取り除かれると、自由精神は「健康」になるのです。このテーマは、一八八六年に『人間的』第二巻に付された序文で取り上げられ詳述されています。この序文でニーチェは、『人間的』という本全体が、「いままさに到来せんとする新世代の、より精神的な本性を持つ人々に推薦できる健康のレッスン」を構成していると記したのです。

『人間的』ではさらに、ニーチェの人間本性観において大変重要なものとなる、「衝動」の観念も活用されます。以前の著作でもニーチェはこの語を使ってはいたのですが、『人間的』においてこの観念ははっきりとした形をとるに至ります。前章で私は、ニーチェによれば、思考・欲求・感情の所有者である自己なるものがただ一つ存在するということはなく、彼にとって「自己」は、思考・欲求・感情のどこか漠として未発達な集まりのことであると述べました。もう少し正確に言うと、ニーチェにとっての自己は衝動の集まりなのです。しかし、衝動とは何なのでしょうか？　ニーチェはこの観念を、当時の心理学や生物学の文献を読んで得たように思われます。植物や動物の様々な活動を説明するために、こうした科学分野では因果的な力――特定の効果を生み出す傾向――が措定されます。ニーチェの見解では、人間も、生理学的な基盤を持つ同様の傾向でできているのです。つまり、私たちは様々な因果的傾向の集まりであるということです。

問題点がないとまでは言わずとも、ここまでは比較的わかりやすいと思われるかもしれません。しかし、衝動に関するニーチェの語り方には、一見当惑させられるようなところがあります。彼の言葉は、衝動や因果的傾向そのものが物事を「認識し」、「目指し」、「解釈し」、「価値づける」のだと示唆しているようにも捉えられかねません。たとえば『人間的』の「それが目標とするものの価値について何らかの認識的評価を行わないような衝動は、人間の内には存在しない」という一節（I 三二）。まるで、ニーチェにとっては、これらの衝動は、物事を認識し、解釈し、そこに価値を見出すミニチュアの人々であるかのようです。しかしそうだとすると、ニーチェは「ホムンクルスの誤謬」として知られる誤りを犯してしまったことになります。思考・知覚・欲求など、人間の心がしているあらゆることをそれはどのように行っているのか、ニーチェはこの点を、衝動をよりどころに説明したわけではなく、単に衝動そのものが思考したり、知覚したり、欲求したりするのだ、と主張しただけです。これでは何も説明されていません。というのも、当然ですが、この主張は、衝動そのものはどのようにして思考したり知覚したり欲求したりするのか、という問いを生むだけだからです。しかしながら、ニーチェがこんな初歩的なミスをしたと考えるのは早計です。これらの概念は、前述した通りニーチェが集中的に勉強していた当時の科学においてはよく見られるものでした。しかし、だからといって、ここでホムンクルスの誤謬が犯されているということにはなりません。よって、ニーチェも、そんなものを擁護したのではなかったと考えるべきでしょう。件《くだん》の語り口は、自然的なもののダイナミクスの基盤となっている複雑な因果的過程を簡略的に記述するようなものなのです。たとえば、私たちも、木々は光を手に入れたくて、だから高く成長するのだ、と言うことがあるかもしれません。この表現は、しかし、自然選択の過程での優位を木々にもたらす一般的な傾向を簡略に表わすものです。あるいは、衝動が食物を追い求めるとか欲するとか言うこともできるでしょう。でもこれもまた、ある動物の摂食を引き起こす複雑な因果的構造を簡略的に表現したものなのです。

「私たち自身にも知られざるもの」

ニーチェが『人間的』の執筆を始めたとき、その暫定タイトルは「犂《すき》の刃〔独：Die Pflugschar〕」というものでした。犂《すき》のこのパーツは、締め固まった土を、新規の作物が育つことのできる新たな土壌に変えます。ロマン主義に感化された『悲劇』の足で踏み固められた古い土壌は、『人間的』の自然主義によって耕されたのです。後者に見られる考えは、ニーチェの思想が育って花開くための土壌と種を表わしているということです。ここで見つけられるのはあくまで発芽にすぎないと言うべきでしょう。この作品の思考の多くは、新しくみずみずしいとはいえ、まだまだ未発達のものだからです。ただし、一八八一年に刊行された次著『曙光――道徳的な偏見についての考察』を見る限りでは、成長のペースは急速だったと言えます。『曙光』と『人間的』は横並びで出版されることがあります。あたかも、この二作品の間には何ら重要な違いがなく、ニーチェの思考の本当の移行は『曙光』とその次の著書『愉しい学問』の間で起こったとでもいうかのようです。たしかに、『愉しい学問』には新要素があります。ですが、『人間的』と『曙光』の間にも同じくらい重大な違いがありますし、他方で『曙光』とそれ以降のニーチェの著作の間には連続している部分もたくさんあります。

『人間的』と『曙光』の違いとしては、まず、私たちが行為するのはいつも利己心からのみである、つまり、ほかの人の幸せへの配慮からの行為などというものは決してないという、疑わしく、いささか粗雑な主張が後者では取り下げられているという点が挙げられます。『曙光』では、「道徳否定」の仕方が二つ言及されています。『人間的』で提示されたのは、利他的に行為する人などいないのだから、道徳的な人などいないということでした。これが「道徳否定」の一つ目の仕方です。もう一つの仕方――これが『曙光』におけるニーチェの仕方なのですが――は、「道徳判断が真理に基づいているということを否定する」というものです（『曙光』一〇三）。曰く、「この場合、行為への〔利他的な〕動機が本当に存在するということは認められるが、まさにそれで、あらゆる道徳判断の根拠となり、人間を道徳的行為へと駆り立てているのは数々の誤りであるということになる」（『曙光』一〇三）。人は、道徳心から、また他人の幸せのために行為してはいるのですが、こういった価値に関する彼らの道徳的値踏みや信念は誤りにまみれているというわけです。では、これらの誤りとは一体何なのでしょうか？

ニーチェはその一つを、『曙光』で登場するまた別の見解を糸口にして描いています。ニーチェによる道徳理解の試みの中心には、「慣習」ないし「風習」（独：Sitte）への訴えがあります。ニーチェは『曙光』で次のようにこの考えを導入しました。「道徳とは、どんな類いであれ何らかの慣習への服従にほかならない（よって、それ以上の何ものでもない！）」。「風習」の中核にあるのは、「私たちにとって有益なことを命令するからではなく、それが命令するからという理由で人が服従するより高位の権威」の観念です。これらの命令は、また、「命令を下す高位の知性、把捉不能で漠然とした力、個々の人格的なものを超える何か」に由来するものと考えられているとされます。風習は高位の権威への服従によって維持されるものであると、相当の説得力を持ってニーチェは見通したのです。人は、このように高位とされる権威に服従するのですが、それは、自分がそうしたいからではなく、単にその権威に対して恐怖を感じているからだというのです。ほかのことをしていれば実現に近づけられたかもしれない「私的な欲求や利益があるのにもかかわらず」人はそれに従うのです。〔この段落の引用はすべて『曙光』九から。〕

　これは明らかに宗教にベースを持つ見方です。何らかの高位の権威、神あるいは神々が存在しており、この権威が命令を下し規則を立てるのであり、人は自分自身の私的な欲求や利害とは無関係に、その権威に服従するということになるわけです。とはいえ、この説を用いれば、いかなる宗教的文脈とも関係なく成り立つ道徳のある特徴を説明することができます。その特徴とは何でしょうか？　道徳的行為には、私たちがほかに何を考えたり欲したりしていようと関係なく、遂行することが単に必要とされるものがある、と私たちは思っています。湖でおぼれている人がいたならば、その人をただ助けたいと思っていなくとも、また、たとえ助けたくないと思ったとしても、助けるのが当然、助けるべきだということです。おぼれている人が心底憎い敵であったとしても、道徳は、自分がその人を好きか嫌いかに関係なく、正しいこと——その人を助けること——をせよと要請し、また必要であるとするのです。「あいつのことは嫌い、だから助けない」と宣言したところで、それならと許す人はいないでしょう。道徳はしばしば、私たちのやりたくないことをやるよう要請しますし、何らかの犠牲を求めることもあります。困窮極まっている人が路上にいたならば、ジン・トニックを買うつもりでとっておいたお金でも、その人に与えてしかるべきだということになります。カントはこのような道徳的要請を「定言命法」と呼びました。行わなければならない（あるいは避けなくてはならない）ものなので「命法」、また、当人がそれをしたいかしたくないかにかかわらず遂行を義務づけるものなので「定言（何ら仮定を伴わない無条件的な言い方）」です。このような命法は、「仮言命法」、つまり何か特定の願望や欲求がもしあるならばしなければいけないことと対を成しています。たとえば、もし私が午後六時の映画を見に行きたいなら、その一時間前に家を出なければならないとなりますが、この命法――私が何をするかに関する要請――は、私がもうその映画を見たくなくなったなら、もはや私には適用されないのです。

カントによれば、道徳的要請は、それが定言命法であるという点で独特なのです。そのようなものとしての道徳的要請は、人が何か特定の欲求や願望を持っているか否かには依存しません。このことからカントは、道徳的要請はまさに理性のみによる要請であると結論づけています。何を欲するか、何を好むかは人によって異なりますが、道徳的要請はすべての人に適用されます。私たちが共通して持つのは理性であり、したがって道徳的要請は、願望や好き嫌いとは関係なく、私たちが理性的生物であるがゆえに私たち全員に適用されなければならないというのです。道徳的命法が成り立つのは、私たちが理性的な存在であるがゆえなのです。でもここで、慣習の道徳というニーチェの仮説を考えてみてください。彼も、道徳によって必要とされることは、私たちが何をしたかろうとしたくなかろうと関係なく私たちに課せられる要請のようなものだと認めました。しかしニーチェは、それが理性の要請であると結論づけるのではなく、なぜ私たちには道徳的要請がそのようなものであると思われるのかということを、それがいかにして風習や権威から発生したかに光を当てることで説明したのです。唯一の神あるいは神々に明確な仕方で訴えることは廃れてしまったかもしれませんが、依然として、道徳的要請は定言的な要請であるように感じられます。この事実を理解して、超自然的な権威の存在を信じることもなくなれば、道徳的要請の命令的性格が誤りに基づくものであることが見えてきます。

しかし、誤りというのはこれだけではありません。『人間的』でニーチェが、人間は自由意志を持っているとする考えを疑問視したというのは先に述べた通りです。私たちが自由意志を持っているか否かという問題は、哲学者が「行為者性」と呼ぶ、より広範なトピック内の話です。人間は、行為者、または何かをする存在である、と思われます。何かをするとき、私は自分のしていることを意識しています。つまり私は故意に、あるいは意図的に行為しているというわけです。さらに言えば、これは私が何かをしているという話であって、単に起きるような何かの話ではありません。私が誰かに押されて転んだというなら、これは私に起こったことです。対して、私が座ったという場合、これは私がしたことなのです。そのうえ、私は、誰かに何かを強制されているのでなければ、自由に行為しているのです。紅茶を飲むことを選んだという場合でも、紅茶ではなくコーヒーにすることもできたというわけです。そして、これも先に述べましたが、選択の自由という観念は道徳的責任と密接に結びついています。お金を盗んだ人を私たちが非難するのは、そうしないこともその人には選択できたという前提があるときに限られます。このようなことはみな、自己に関する次のような理解を助長するものです。すなわち、自己とは純然たる一つのものであり、自らの行為をコントロールし、何をするかを自由に選ぶものであるという見方です。また、加えて、こうして何かを選ぶとき、自己は自分が何をしているかを完全に承知しているとも考えられています。「彼が……」「彼女が……」といったことを成り立たせているのは、この自己というものと、隅々まで曇りなく一望に収められるその思考や意図であるということです。

カントは、自己とはまさにこのようなものであると考え、そしてそれは、自発的な自由と純粋な理性的熟慮という能力を備えているのだから、原因と結果から成る自然世界の外部に存在しているとも考えました。ニーチェはこれとは対照的に、自分たちが何であって、どのように行為しているのかに関する私たちの考えは誤っているとしたのです。自己というのは前の段落の記述に沿うようなものだろうと私たちは思うかもしれませんが、それは間違いだというのです。まず、前章で述べた通り、ニーチェは、自己を何か一つの統一性を持つものとする見方を退け、代わりにそれを衝動の集まりと見なしました。自己が統一性を持つものであると捉えてしまう理由としては、一つには、私たちが、自分の行いや考えを自分がコントロールするものとして考えるから、というものがあります。私たちの諸々の信念・欲求・行為を一段上から、少なくともときどきは、私たちのすることを評価、承認、あるいは阻止するような、何か一つのものが存在しているに違いない、というわけです。そのうえ、私たちは、この単一的な自己は知性ないし理性から成るものであると考えてしまいがちです。私たちが何かをするのは理由に基づいてのことですし、私たちは、理に適ったものであれという要請に鑑みて自らの行為をコントロールするものです。だからこそ、たとえば私は、不注意な運転をする人に激しい怒りを覚えたとしても、理性的で分別のある生物として自分の怒りをコントロールし、その人をいつまでも罵倒し続けるなどということはしないのです。

ニーチェは「自己統制と節制とそれらの究極的動機」（『曙光』一〇九）と題された節で、実情は違うと論じています。

> 私たちの知性は、ある別の衝動の盲目的な道具にすぎない。この〔知性を道具として使う〕衝動は、その苛烈さで私たちを苦しめる衝動のライバルなのである。〔……〕ある衝動の苛烈さに不平を言っているのは私たちであると「私たち」は思うかもしれないが、根底では、一つの衝動がまた別の衝動に不平を言っているのだ。

対立は、理性的な自己と統制しがたい衝動の間ではなく、衝動同士の間で起きるものなのです。ニーチェはこの箇所でははっきりと述べていませんが、私たちの知性はそれ自体、衝動の産物の一つにすぎないのです。ある一つの衝動がほかの諸々の衝動に勝ると、これらほかの諸々の衝動をコントロールする単一の「私」というものが存在するという考えに至ってしまいます。しかし、これは幻想なのです。

先に述べた伝統的な行為観の特徴として、私たちは何かをするとき、意図的にそうするのだという考えもありました。自分が何をしようとしているかを私たちは知っているということです。フミオにはマサミを元気づけることができなかったという場合でも、フミオは少なくともそうしようとしたのであって、そう試みることで何がしたかったかは自分で認識していたのです。だからこそ私たちは、正しいことをしようと意図したということで、フミオは道徳的称賛に値すると考えるのです。しかしニーチェは、この見方は間違いであると考えました。「いわゆる『自我』」と題された節〔『曙光』一一五〕では、私たちが怒りや憎しみといった「極端な」状態を意識することができるからといって、私たちが何かをする原因となる心の側面すべてがこのような意識的状態であると考える理由はない、と述べられています。

さらに、ある状態が意識に顕在化することがあるからといって、それが、私たちの考える通りのものであるとか、また、それが引き起こすと私たちが考えていることを実際に引き起こしている、ということにはなりません。行為を引き起こす衝動は、意識のレベルの下で働いているのです。ニーチェはこう言います。「私たちは誰一人として、私たちが意識や言葉——よってひいては称賛や非難——を持ち合わせているような状態のみにのっとって現れる見かけ通りのものではない」（『曙光』一一五）。私たちの行為の原因に関して意識が明らかにできることは限られており、意識がそのすべてを明らかにすると考えるのは間違いなのです。これは、「人間の行為がいかにしてもたらされるかを、人は知っている、しかもあらゆる場合において実に精確に知っている」とする「太古からの妄想」（『曙光』一一六）なのです。私たちは自分のすることを解釈する、つまり、自分のすることを意味を成すものとして解そうとします。しかし、本当のところ何が私たちの行為を引き起こしているのかと、これらの原因について私たちが自分自身に語るお話とは、簡単に食い違ってしまうものです。私たちは「私たち自身にも知られざるもの」（『曙光』一〇五）なのです。

第3章 悪鬼《デーモン》と狂人

――『愉しい学問』

『愉しい学問』は、しばしばニーチェの思想における新章の始まりと目されます。というのも、神の死、そして永遠回帰という彼の最も有名なアイデア二つが導入されているのがこの著作だからです。これらについてはすぐ後で考察します。ただ、前章でも強調しましたが、『曙光』と『愉しい学問』の間に大きな隔たりがあると考えるのは誤りでしょう。『学問』を起草した時点では、ニーチェはこの本を単に『曙光』の続きと考えていましたし、『学問』初版を構成する四書は、『曙光』刊行のわずか一年後に出版されたのです。他方で、この四書を書き終えるやいなや、ニーチェはこれらとは大きく異なる作品である『ツァラトゥストラはこう語った』に力を注ぎ始めました。ある意味では、『学問』の第四書を執筆していたときすでに『ツァラ』にも取り組んでいたとも言えます。『学問』の終盤で、ニーチェは、自身の哲学の預言者ツァラトゥストラを登場させたのですが、このキャラクターが導入される節は、『ツァラトゥストラはこう語った』における二ーチェの無類で興味深い文体をほのめかすスタイルで書かれているのです。このように、『愉しい学問』の大部分は『曙光』に収められていてもおかしくないとも思われるようなものですが、そこには同時に、根本的に異なる『ツァラ』の方を指し示すものも含まれています。このことから、『曙光』と『学問』の間には根底的な断絶はないとしても、『ツァラ』の出版には何か重大な変化が伴ったのではないか、と思われるかもしれません。それはごもっともで、『ツァラ』はたしかに全くもって異質な作品です。しかし、『ツァラ』の刊行後、ニーチェは『学問』に「我ら恐れを知らぬ者」という題の第五書を追加したのですが、これは、『ツァラトゥストラはこう語った』よりも、後期の著作である『善悪の彼岸』や『道徳の系譜学』との調和性が高いもののように思われます。そしてこの二著は、『ツァラトゥストラはこう語った』よりも『曙光』の方と近い関係にあるのです。『学問』内の新要素をニーチェの思想上の大転換を示すものと捉えるよりも、『学問』という著作を『曙光』から『善悪の彼岸』へ至る自然な歩みの一部と見る方がよいように、私には思われます。後でわかりますが、『ツァラ』は、ニーチェの著作の中では異端なのです。

さて、『愉しい学問』に戻りますが、まずは、このタイトルについて一言二言お話ししましょう。「愉しい」または「喜ばしき」学問——原題 *Die fröhliche Wissenschaft*〔独：ディー・フルーリツヒェ・ヴィッセンシャフト〕――という題には、体系的探究たるものをいかになすべきか、ということに関するニーチェの態度が表れています。ドイツ語の「Wissenschaft」は、「科学〔英：science〕」と訳されますが、英語の「science」よりもずっと広い意味合いを持っています。歴史学・哲学・文献学など何でも、体系立った知の集成ならば、この意味でのサイエンスなのです。もう一つ、タイトルの言う「愉しい」という要素の意味合いは簡潔に伝えるのが難しいですが、『学問』第二版の序文でニーチェが古代ギリシア人について語っていることをとっかかりとして見てみましょう。曰く、ギリシア人は「皮相的だった――深かったがゆえに！」。ニーチェにおいてはいつものことながら、ごく短い表現の中に多くが詰め込まれています。ギリシア人については、彼らが、現実の恐ろしい本質を把握しながら、同時にそれを審美的に包み込むことで現実を耐えうるものにするという力を持っていたとして、ニーチェが『悲劇の誕生』で敬服していたことを思い出してください。認識・芸術・生の関係はニーチェにとって相変わらず重要なテーマでした。「ショーペンハウアーの問い」、すなわち「そもそも生きて存在することに何ら意味などあるのだろうか？」という問いに、彼は依然として取り憑かれていたのです（『学問』三五七）。ギリシア人は「勇気を持って表面に、襞《ひだ》に、皮膚に踏みとどまること、仮象を崇拝すること、形象を、楽音を、言葉を、仮象のオリュンポス山を丸ごと信仰すること」を会得していました（『学問』序四）。これはしかし、小心や臆病などではなく、現実の真の本性の認識から生まれたものなのだとニーチェは唱えたのです。『愉しい学問』においてのニーチェ――およびそれ以降のニーチェ――は、純然たる知的良心でもって学問を追究することを深大な必要としています。けれども、そうするにあたっては、ただ真理そのものだけが目的であるというわけではありません。実際、ニーチェは、真理には無条件に価値があるという考え、またこれに対応する、私たちにはどんな犠牲を払ってでも真理を追求する義務があるという考えに、どんどん厳しく異を唱えるようになったのです。彼がもっぱら関心を寄せていたのは、生に関する真理を認識しつつ、同時にそれを肯定するという必要に応える方法だったというわけです。これには、まず、ペシミズムを諦めの姿勢で受け入れるのではなく、それに直面しても喜びに満ちあふれたままでいるということが含まれます。さて、一八八七年出版の『学問』第二版には、すでにあるジャーナルに発表していた詩の改訂版が所収され、また「*La gaya scienza*〔古伊：ラ・ガヤ・シェンツァ〕」という副題も追加されています。ニーチェは『この人を見よ』で、この表現を使ったのは「歌人と騎士と自由精神との一体性〔という〕プロヴァンス的概念」に感化されてのことだと説明しています。ここで言われているのは、ときには地方宮廷の庇護下で、またときには旅芸人として、詩を作って歌ったトルバドゥールのことです。ニーチェは自分の「愉しい学問」を、一つの生き方としての誠実な技芸を促進するものと捉えていました。

ある日、あるいはある夜、悪鬼《デーモン》が君の孤独の中の孤独に忍び込んで、こう言ったとしたらどうだろう。「お前がいま生きていて、これまで生きてきたこの人生を、お前はもう一度、さらに数え切れぬほど繰り返し生きなければならない。そこには新しいことは何一つなく、すべての苦痛や快楽、すべての思考や溜息、お前の人生の数え切れない一切が、言葉にならない大事・小事のすべてがことごとく、そのままの配列と順序で回帰する。〔……〕存在の永遠の砂時計は、何度も何度もひっくり返される――それとともに、一抹の塵《ちり》たるお前もまた！」

この節（『学問』三四一）でニーチェは読者に、自分だったらこのような悪鬼《デーモン》にどう反応するかと問うています。「君は身を投げ出し、歯を軋《きし》ませて、こんなふうに語った悪鬼《デーモン》を呪うだろうか？」、それとも君はこれをある「とてつもない瞬間」として経験し、悪鬼《デーモン》に向かって「あなたは神だ。これ以上に神々しい言葉を私は聞いたことがない」と答えるだろうか？　これが、ニーチェによる「永遠回帰」という概念の導入です。

ニーチェはこの引用部に「最大の重石《おもし》」という題を付しています。この題からは、あらゆる末節を含めて自分の人生が永遠に繰り返されるという考えは巨大な心理的負担であるということが示されています。重要なのは、ニーチェが『学問』の中でこの節をどこに据えたかです。この次の節は『ツァラ』よろしく詩的な文体で書かれており、ツァラトゥストラというキャラクターもそこで登場するのです。またニーチェは、『この人を見よ』での『ツァラ』の自著解題の冒頭で、この著作の「基本構想」は「永遠回帰の考え」であると述べています。つまり、先ほどの繰り返しになりますが、『学問』は『ツァラ』の予兆になっているのです。それにしても、永遠回帰という「基本構想」とは何なのでしょうか？　ぱっと見では、これは驚くほど単純なもの、自分自身の人生を肯定できるかどうかを判定する心理テストのように思われます。あなたの人生が一切何の変化もなく何度も何度も繰り返されるとしたら、それはあなたが喜んで迎え入れられるようなものか、それともそれは恐れなしでは考えられない前途なのか？　答えが「イエス」で前者を選ぶなら自分の人生に満足していることになり、もし「ノー」で後者を選ぶなら満足していない、という具合です。しかし、事は決してこんなに単純なわけではありません。

まず、ここで問われているのは、悪鬼《デーモン》の提起に対して私たちがとる態度が肯定的なものなのかそれとも否定的なものなのかであるということ、これははっきりしているように思われます。はっきりしていないのは、ここではどのような種類の態度が問題となっているかということです。好きか好きでないかというだけでは、悪鬼《デーモン》の提起が引き出さんとする類いの反応を捉えるには粗雑すぎます。ニーチェが念頭に置いていたのはどのような態度か、別のところで彼はあるヒントを残しています。それは、彼が永遠回帰と同時期に考えていた概念、「アモール・ファティ（羅：amor fati）」すなわち「運命愛」というものです。『愉しい学問』第四書の最初の節（『学問』全体では第二七六節）で、ニーチェはこう書いています。

いかにして事物における必然的なものを美しいものとして見るか、私はもっともっと学びたいと思う。かくして、私は事物を美しいものにする者たちの仲間入りを果たすのだ。運命愛《アモール・ファティ》、これからはそれが私の愛であるように！〔……〕とどのつまり、いつの日か私がなりたいのは、ただ、肯定の「イエス」を言う者なのだ！

ここで注目すべきは、運命を愛することと、事物における「必然的なもの」を認識すること、その二つの要素があるという点です。それゆえ次のようにも言えるかもしれません。つまり、たとえば、離婚の辛苦を経験し、それが次の新しい恋愛につながるというようなケースなど、かくかくの事柄は良いことが起こるための必須の条件なのだと受け入れるというのでは不十分である、と。これでは、自分の人生ではなく、その一部分を肯定しているだけになってしまいます。というのも、離婚は必須だったと認識したうえで、なお「そうでなければよかったのに」と願ったとしても矛盾はないのですから。私が思うに、ニーチェが私たちに望んだのは、自分の人生のある部分を肯定して、その部分のためには必須のものがあったと単にしぶしぶ認めることではありません。彼が望んだのは、人生を「イエスと言う」ことのできる部分と、同じように宣言することができない部分とに分割してしまうのではなくて、人生を一つの全体として肯定すること、それに対して「イエスと言う」ことなのです。これは、あらゆるすべてを等しく必然的として見て、肯定するということです。「肯定する」というのは、何でもかんでもすべてを良いものとして見るなどという馬鹿げたことではなく、人生を構成するあらゆる物事に対して等しくポジティヴ

〔肯定的〕な態度をとることです。肯定の対象は、ひとまとまりの全体としての人生なのです。永遠回帰の思考は、自分がアモール・ファティの態度を持っているかどうか、つまり、生を肯定しているかどうかを見る試験なのです。

永遠回帰というのは、すでに生を肯定している人を見つけるための単なるテストではなく、むしろ読者に肯定を試みさせるための仕掛けなのかもしれません。肯定している人をただ見つけ出すのではなく、読者にも肯定を勧めようとしているのだというわけです。しかし、いずれの読みも全く正しいとは言えません。というのも、永遠回帰は、単に肯定の勧告であるというよりは、何より少なくとも、「肯定」できる人を見極めるテストでもあるからです。ニーチェは読者に肯定の能力があるかどうかを問うているのです。ということは、肯定する力を持っているのは一部――ひょっとしたらほんの一握り――の人だけで、多くの人はそれを持たないということなのでしょう。またニーチェはノートの中で、永遠回帰が単なるテストにとどまらないものであると示唆しています。曰く、それは「育成作用を及ぼすほど強力な教説なのであり、強き者をさらに強くするものである一方、世を倦《う》む者の身をすくませる破壊的なものでもある」（『意志』八六二）。『学問』三四一でニーチェは、「この究極的な永遠の認証としるしのほかにはもう何も望まないというようになるためには、君は君自身と生をどれほど愛おしく思わなければならないだろうか？」と問いかけています。彼自身、強者のみがなせる業《わざ》と考えていた、そうした愛しい気持ちを抱くようになること、ニーチェはそれを読者に勧めていたのです。

しかし、ここには不可解な点もあります。というのも、ニーチェはいろいろなところで、私たちは「運命の断片」にすぎないと言っているようにも見えるのです。私たちに起こることはすべて単なる偶然の産物で、私たちのする何かによって引き起こされるわけではない、と。それで、アモール・ファティの概念が導入された直後の「各人向けの摂理」と題された節（『学問』二七七）では、「最良に向かって」万事が帰するという話がされているのですが、これも何か神の計らいなどではなく、「存在の美しき混沌」ゆえであると言われています。これこそが、人生を構成する出来事の内に調和《ハーモニー》を、そして、これが肝心なのですが、「私たち自身の手柄だというのははばかられるほどの素晴らしい響きの調和《ハーモニー》」をもたらすものだというのです。誰かが調和《ハーモニー》を生み出すために何かをするのではありません。それはただただ生じるのです。それでも、自分の生を肯定するというのは、いかにも何か自分がすることのように、そしてまた、ニーチェが私たちに――少なくとも私たちの内の強者に――そうするように勧めていることのように聞こえてなりません。では、肯定のために何かをするということが私たちにできないのなら、いくらかの人々に肯定を勧めることには一体何の意味があるのでしょうか？　この論点については、本章の後半まで持ち越すことにしたいと思います。また、永遠回帰についても、次章でまたもう少し詳しくお話しします。ここからは、『学問』で導入されるニーチェの考えとしては「永遠回帰」と並ぶほど知名度抜群の、「神の死」に目を向けてみましょう。

神の死

「狂人」と題された『愉しい学問』第一二五節は、比較的短い文章の中にいくつもの深遠で、先覚的で、そして至妙なアイデアを詰め込むニーチェの筆才を示す華々しい好例です。大筋では、この節の内容は次のようなものです。明るい朝日が射す中、狂人が市場に現れ、ランタンを灯します。そして、「神を探している」と「ひっきりなしに」わめくのです。広場にいる人の多くは神を信じていないため、彼を馬鹿にしながら、口々に声を張り上げ、大笑いする始末です。「神が移住でもしたってか？」、「神が迷子になっちまったのか？」というように。狂人は、神はどこに行ったのかという問いに対する自分なりの答えを口にして、彼らを制止します。「俺たちが神を殺したんだ。〔……〕俺たちはみんな、神殺害の犯人なのだ！」。狂人はそう叫び、続けて、このことが私たちにとって持つ意味に関する問いを並べ立てます。私たちが「この地球を鎖から解き放った」いま、私たちはどこに向かって転がっているのだろうか、私たちは空っぽの空間で息をしているのだろうか？　朝には、昇る陽をあてにせず、ランタンを灯さねばならないのだろうか？　神は死に、「神の腐敗臭」が漂っている。それに、私たちがしたのは、身に余るほどとてつもないことなのではないか？「それにふさわしいような体裁を整えようとするだけでも、俺たち自身が神々にならなければならないのではないか？」」。彼はそう問い、また「俺たちの後に生まれる者はみな、この所業ゆえに、いまやこれまでのすべての歴史よりも高次な歴史の一員となるのだ！」と言い足します。彼をあざ笑っていた人々が困惑の表情を浮かべながら押し黙ってしまう中、狂人はランタンを投げ捨て、自分は「早く来すぎた」と明言します。また「この途方もない出来事はまだその途上にある」ばかりか、神の殺害という行いも、市場の人々がしたことであるにもかかわらず、彼らにとっては星々のように遠く離れたところにあるというのです。伝えられるところでは、この後、狂人はあちこちの教会に押し入っては「神に永遠の安息を与えたまえ」と詠唱し、問いただされると、教会というものは神の存在の墓でしかないと述べたといいます。

この物語はどう受け取ればよいのでしょうか？　まず強調しておくべきなのは、ニーチェ自身は神が存在するという考えの誤りを証明したと主張しているわけではないという点です。概してニーチェは、この問題に関しては端《はな》から無神論以外の立場を思想的に見込みのあるものとせず、それを改めて立証しようとはしませんでした。彼が言うには、「いまや、キリスト教の否認を決定づけるのは私たちの論拠ではなく、私たちの趣味嗜好なのである」（『学問』一三二）。何にしても、狂人による神の死の告知は、すでに神を信じていない人々に向けられていたのでした。件《くだん》の節は、神への信仰が放棄された後の余波に関するものなのですが、市場にいる群衆は、それが自分たちにどう影響するかについて全く気にかけていないようです。狂人が声を荒らげて言うのは、市場の人々のほとんどは薄々その予兆を察知することすらできていないけれども、やがてこの出来事は甚大な歴史的衝撃をもたらすだろうということです。この効果が現れるよりも先にやってきた狂人は「早く来すぎた」のです。

「この効果」とは何か、それを考える前に、一点だけ確認しておきましょう。それは、私が思うに、この「狂人」がニーチェ自身であるのは明らかだということです。狂人は、地球がいまや鎖から解き放たれていると隠喩的に言われる事態を認識し、神の死の帰結というものを考え抜こうとしてきたのです。彼の「早く来すぎた」という宣言には、ニーチェが自分の仕事に関して述べていること、すなわちそれが「反時代的〔つまり時期尚早〕」であり、必要とされているのは「未来の」哲学者たちと哲学の数々であるということ（『善悪の彼岸』には「未来の哲学への序曲」という副題がつけられています）を反映するものです。ニーチェは『アンチキリスト』の序文で「私が日の目を見るのは、やっと明後日になってからだろう。死後に生まれてくる者もいるのだ」とも書いています。市場の人々の反応は、『学問』第二節でニーチェが描いた状況を彷彿とさせます。彼は自分を真正な知的良心を持った数少ない一人と考えて、彼自身とは違い、存在に関する問題に、憎悪のような情動や、そうでなくともいくばくかの関心すら持たない人々を軽蔑すべきものと見なしています。市場の人々も、全く好奇の目を向けなかったわけではありません。しかしそれは、問いではなく、問いを掲げた人に向けられたものでしたし、またこれも、彼らがこの問題がいかに巨大なものであるかを真に把握できていなかったからなのです。

ランタンについてはどうでしょうか？　ニーチェは『学問』を書き上げる少し前に、初めてシルス・マリアを訪れます。以降、正気を失ってしまうまでは、ほぼ毎夏、三ヵ月ほどこの地に滞在することになります。視力が低下し文字を読む事ができなくなった彼は、執筆に、いやというより自分の見識を口述筆記させることに集中しました。健康状態は芳しくないままでしたが、スイス・アルプスのこの村は彼にとっての聖域となりました。彼が逗留《とうりゅう》したのは、たった一つのランタンが灯る小さな部屋でした。ニーチェ、このぽつんと一つのランタンを携えたぽつんと独りの男は、まだ自分の思想を受け入れる準備ができていない人々と対峙したのです。私見では、白昼の光の中でランタンを灯すという描写には、さらに別の意味もあります。もし神は光であり、その神が死んでいるのだとすると、別の光源が必要になります。言うまでもない話かと思いますが、これは、神が死ぬと文字通りの意味で暗闇が訪れるということではありません。地球が鎖から解き放たれたというのが、あくまで喩えであって文字通りの意味ではないのと同じです。むしろここで示唆されているのは、神が私たちの世界の意味や価値の源だとされていたということなのです。ニーチェが気づいていて、市場の人々が気づいていないこと、それは、神の死は、ユダヤ・キリスト教世界において生を形作る意味や価値の土台の崩壊、すなわちその「腐敗」を意味するということです。ランタンというのは人工の光源です。つまり、これからの未来では、人間こそがこの喩えで言う光の源にならなければいけなくなる、というわけです。

これを踏まえて、ニーチェにおける神の死の意義という話題に移りたいと思います。神が死ぬと、人間の生が持ちうる理想・意味・価値にはどんな影響が及ぼされるか、それを考えてみましょう。それは、「神がいないのであれば人生は価値を喪失してしまう」という単純なテーゼで片づくわけではありません。事態はこれよりもはるかに繊細で複雑です。まず注目すべきは、ニーチェが、そうした価値は一夜にして消滅してしまうと考えたわけではないという点です（そうした価値がどんなものかは少し後で論じます）。ニーチェの考えにはいくつかの根拠があります。

第一に、彼はキリスト教が完全に消滅するとは考えていなかったように思われます。ニーチェによれば、人がキリスト教徒になるのは、神が存在するという証拠を持っているからではありません。むしろそれは、そのような人々が、特定の種類の心理的傾向を持ち、また、〔神を中心に置くキリスト教的な〕宇宙における人類の立場の見方が彼らの生物的必要に都合の良いような文化の中で暮らしているからなのです。これは至極もっともな考えだと言えるでしょう。人がキリスト教信仰を抱くかどうかは、文化と心理が複雑に組み合わさることによって決まるのですが、合理的な批判をいくら積み上げようとも、その組み合わさり方に変化が及ぼされることはありません。そこでニーチェは、神の死を十分に理解できる少数の人々にとって、神の死はどんな意義を持つかという問題の方に関心を持つようになっていったのです。

第二に、ニーチェは、率直な無神論は先ほどの物語を構成する一要素にすぎず、そのすべてではないと考えています。先に述べた通り、神の死というのは、ユダヤ・キリスト教世界の意味や価値観を下支えするものの死を意味します。しかし、だからといって、その価値観が一夜にして

郵便はがき

料金受取人払郵便

神田局
承認
7173

差出有効期間
2024年11月30日まで
(切手不要)

101-8791

535

千代田区外神田
二丁目十八―六

春秋社

愛読者カード係

＊お送りいただいた個人情報は、書籍の発送および小社のマーケティングに利用させていただきます。

(フリガナ) お名前	歳	ご職業
ご住所 〒		
E-mail 小社より、新刊／重版情報、「web 春秋 はるとあき」更新のお知らせ、イベント情報などをメールマガジンにてお届けいたします。	電話	

※新規注文書（本を新たに注文する場合のみご記入下さい。）

ご注文方法　□**書店で受け取り**　□**直送(代金先払い)** 担当よりご連絡いたします。

書店名	地区	書名		
				冊
				冊

ご購読ありがとうございます。このカードは、小社の今後の出版企画および読者の皆様とのご連絡に役立てたいと思いますので、ご記入の上お送り下さい。

〈書　名〉※必ずご記入下さい

●お買い上げ書店名（　　　　地区　　　　　　書店　）

●本書に関するご感想、小社刊行物についてのご意見

※上記をホームページなどでご紹介させていただく場合があります。（諾・否）

●ご利用メディア
新聞（　　　　）
SNS（　　　　）
その他
メディア名
（　　　　）

●本書を何でお知りになりましたか
1. 書店で見て
2. 新聞の広告で
（1）朝日（2）読売（3）日経（4）その他
3. 書評で（　　　　紙・誌）
4. 人にすすめられて
5. その他

●お買い求めになった動機
1. 著者のファン
2. テーマにひかれて
3. 装丁が良い
4. 帯の文章を読んで
5. その他
（　　　　）

●内容
□満足　□不満足

●定価
□安い　□高い

●装丁
□良い　□悪い

●最近読んで面白かった本　（著者）　　　（出版社）

（書名）

㈱春秋社　電話 03-3255-9611　FAX 03-3253-1384　振替 00180-6-24861
E-mail : info-shunjusha@shunjusha.co.jp

消え去るということではありません。私たち全員が一夜にして無神論者になることはあっても、ユダヤ・キリスト教的価値観の消滅がそれで不可避になるということですらありません。ニーチェが念頭に置いていたのは、もっと一般的な考え、つまりキリスト教は人間の存在と私たちが人生で経験するすべてのことに対して包括的な説明を、すなわち解釈を与えてくれるという考えでした。キリスト教の観点から見ると、私たち人間が経験する苦しみや災難は無意味な出来事ではなく、罰であったり、原罪のけがれであったり、地上での試練であったりするのであり、それらは死後の世界で救済されるほかないとされます。人の幸運・長所・才能については、単なる自然の気まぐれによるものではなく、神からの贈り物だとされます。この世における不正は天国において正されるのであって、柔和な者こそがすべてを受け継ぐことになるのです。出来事の連鎖には意味と秩序が隅から隅まで浸透しており、実際に起きる諸々がまさにそのように起きる理由、またそうして起きるすべてが最善である理由も完備されていると言われます（もっとも、そうした出来事は実際には「存在の美しき混沌」以外の何ものでもないのですが）。このように、人間の存在や自然の中での人間の位置を解釈することで、人間の理想的な生き方を理解することができます。私たちはみな等しく神のかたちに似せて造られたのであり、よい人生の模範は、世界を救済するために命を捧げたイエス・キリストの無私の生き方にほかならないということになります。理想的な人間の特性の代表は、博愛・同情・無私の心・他者への思いやりだとされます。真に善良な人間は、他者への奉仕のために身を捧げるのであり、世俗的な財や快楽の獲得に向けて駆り立てられているのではありません。

神の死というのは、こうした人間存在にまつわることを何から何まですべてカバーするような解釈が死んだということを意味するのです。しかし、先に述べたように、それがもたらす影響は単純なものではありません。これも先ほど述べましたが、神が死んだら、それまでの価値観も消え去るというわけではありません。またニーチェは、多くの人にとってキリスト教信仰は生存し続けると考えていただけではなく、無私の心を大事にする価値観（これは人間存在に関するキリスト教的な説に基盤を持つ理想で構成されています）は、キリスト教を明確に否定する無神論者のもとでさえも存続するとも考えていました。その最も顕著な例がショーペンハウアーです。ショーペンハウアーは無神論者を自認していましたが、それと同時に無私と同情の倫理学、そして禁欲主義的な美徳観を信奉していました。よい人間とは、清貧で貞潔な生活を自ら進んで選択する者だというのです。しかしながらニーチェによれば、ショーペンハウアーは自らの無神論から何が帰結するかをしっかり考えられていませんでした。たしかにショーペンハウアーは人間存在に関するキリスト教的な解釈を否定していたのですが、それによって形成された価値観については疑っていなかったというわけです。この捉え方は、「新たな戦い」と題された節の背景を成しています（ここは『愉しい学問』の中で神の死が初めて言及される箇所です）。引用しましょう。「神は死んだ。しかし［……］神の影が姿を現わす数々の洞窟が存在することだろう。——だとすれば、私たちは、——私たちは神の影をも打ち破らねばならないのだ！」（『学問』一〇八）。ショーペンハウアー倫理学、そして、ニーチェが予見していた通り、西洋リベラルの道徳は神の影の中に位置していましたし、しかも神の死後も依然としてそこを離れていないのです。

では、キリスト教的な解釈で保証されている価値観を否定すればそれで済むのでしょうか？　ショーペンハウアーは、神だけでなく、同情も捨ててしまえばよかったのでしょうか？　前と同じで、話はそんなに単純ではありません。ニーチェが目指していたのは、キリスト教的価値観の全面的な否定ではなく、のちの著作で彼が「あらゆる価値の価値転換」と呼んだものでした。たとえば、私たちは「同情」というものを、疑問の余地がない正の価値、つねに最優先される道徳的価値と見なすのではなく、その値打ちについては、人間存在の正確な理解に照らして、ほかの価値と同じように考えるべきだということです。この考えをとれるようになるのは、「もう私たちが神の影によって曇らされることがなくなり」、そのうえで私たちが「新たに発見され、新たに救済された純粋な自然でもって、私たち人間を自然化し始める」ときだとされます（『学問』一〇九）。そのためには、人間がどのような生き物であるかを冷静に見つめ、この生物にとっての新たな理想を生み出すことが必要です。ニーチェは、自分はこの課題にちょうど足を踏み入れたところだと考えていました。それゆえ、彼が市場にやって来るには、まだ早すぎたということになるわけです。

「存在の美しき混沌」

ニーチェは神の死を、『愉しい学問』の中でもう一度扱っています。それは第五書の冒頭です。私も後でこれを再度扱おうと思います。なぜ本章でこれ以上論じないかというと、先に述べたように、第五書が書かれたのは、ニーチェが彼の二大著作と言える『善悪の彼岸』と『道徳の系譜学』を執筆しているときだったからです。なので、神の死に関するニーチェの考えは、後期著作について論じる文脈で再検討することにします。とはいえ、『愉しい学問』の中には、神が死ぬとあらゆる価値が価値転換される可能性があるという主張と並ぶくらい重要な主張が見られます。それは、価値そのものは人間の創造物にほかならないという主張です。先に述べたように、狂人が灯すランタンは、神ではなく人間に由来する（意味や価値についての）「光の源」を表していると考えられます。これに関連してニーチェが『学問』第三〇一節「観想的人間の妄想」で言うには、私たちは単なる観客で、価値は私たちとは無関係にそこにある――たとえば美はとにかくただそこにあるだけだ――という考えは妄想にすぎません。むしろ、人間から独立した世界には、価値が完全に欠落しているというのです。つまり、「今日の世界で価値を持つものは何であれ、それ自体で自然に価値を持つのではなく――自然はつねに価値を欠いている――ある時点で価値を付与された、贈与されたのである。しかもその付与者・贈与者というのは、私たちなのである！」。

さて、世界における価値——たとえば、美、つまり美学上の美や道徳的な美——は、感情を持ったり判断を下したりする人間が（何らかの形で）世界に投影したものだというのは、ニーチェが初めて主張したことではありません。一八世紀の偉大なスコットランド人哲学者デイヴィッド・ヒュームは、人間は自然物を「内的感情から借りた色」で「めっきをかけ、染める」と述べています。ニーチェと同じく、ヒュームも、価値の存在は（何らかの形で）人間の感情に依存していると考えていたのです。しかし、ニーチェはこれを価値に関する事実と捉えただけではなく、私たちが意識して利用しなければならないものと見なしました。ニーチェ曰く、私たちは「自分の最高の力を見誤っており、自分自身のことを一段低く評価してしまっている。——私たちは、私たちに本当に見合うような高い誇りも幸福も手に入れていないのだ」（『学問』三〇一）。ニーチェは、私たちは諸価値を価値転換するべきだと唱えただけでなく、自分自身を価値の「創造者」と見なすべきだとも唱えたのです。より正確に言うと、彼は後期著作において、「未来の哲学者たち」は価値の創造者であってほしいと求めているのです。

この考え、そしてこれと「価値転換」プロジェクトとの関係については、本書の後半で論じます。ただ、これは本章でも先に触れた、『愉しい学問』は一つの生き方としての誠実な技芸を促進するものと見なせる、というアイデアともつながっています。生きることの意味をめぐる恐ろしい問題に対しては、深さから生まれる皮相さで応じなければなりません。この「皮相」というのは、普通の意味での浅はかであるというのではなく、形式、つまり「存在の美しき混沌」から美的に快いものを創造し、定着させることに関わっています。ニーチェには、芸術的な解釈をそのように施すというのは、故意に幻想を受け入れることだと考えがちなときもあったように思われます。たとえば、『学問』第二九九節「芸術家から見習うべきこと」では、人生のいろいろな面を「その一つ一つが、ほかの面の全貌を阻むような〔新しい〕眺めをつくり、視点によって見える景色や見え方を限定する〔ように配置できる〕」ものとする見方について述べられています。さらに『学問』第一〇七節「芸術に対する私たちの究極の感謝」では、仮象への、「真ならざるものに対する崇拝」としての芸術への「よき意志」が言及されています。この箇所では『悲劇の誕生』の主張が再登場しており、「美的現象としてならば、私たちは生きることになおも耐えることができる」と述べられています。またニーチェは、「一事が必要」（『学問』二九〇）というよく考察の対象とされる節で、私たちは自分自身を芸術作品として扱うべきだと唱えています。その「必要なこと」というのは、

> 自分の性格に「様式《スタイル》を与えること」である――これは偉大で稀有な芸術である！　この芸術の実践者は、自分の自然本性に備わる強みや弱みから生まれるものをすべて見通したうえで、それらを一つの芸術的計画に組み込み、ついには、そのどれもが芸術や理性として現れ、弱みすらも人の目を引く魅力になるようにする。〔……〕除去できずに残った醜いも

> のが覆い隠されているところもあれば、それが再解釈を経て崇高なものに仕立てられているところもある。[……]最終的に作品が完成したあかつきには、その大枠と細部を支配し形成していたのは単一の趣味の力だったということが明らかになる。

つまり、人は自分を構成するもののすべてに形式的な統一性を与えて、自分自身を芸術品に変えようと試みるべきだというわけです。しかし、もし本当にこうすることが「必要」なのだとしたら、これは先述した運命愛とはどう折り合いがつくのでしょうか？　運命愛という教えによれば、私たちは自分の人生のすべてを肯定するべきだとされるのでした。一見したところ、自分の性格に様式《スタイル》を与えるというのは、自分の何かを変えたいという欲求に起因しているように思えます。ですが、これは、自分の人生を何から何まですべて肯定することとは相反する考えであるように聞こえないでしょうか？　この緊張関係を解決する方法としては、「自分の性格に様式《スタイル》を与える」という考えを、自分を構成している何かしらの部分を変える問題と捉えるのではなく、良いことも悪いことも含めて、自分を構成するすべての事実に対して芸術的解釈を施す問題と捉えるというやり方があります。この場合、その人自身については何の変化も一切加えられません。変わるのは、その人がそうした事実に対して抱く態度なのです。こう理解すれば、自分の人生を「肯定する」というのがどういうことなのかも少しわかるようになります。それは、自分自身と、自分を構成する相互関連した部分とに対して、心地よい解釈を施せるという事態を指していることになるわけです。

けれども、少し考えればわかりますが、自分の性格に様式《スタイル》を与えることと運命愛を両立させようとするこの試みは、実際にはうまくいきません。まず注目すべきは、私たちが物事を「肯定」するためにはその永遠回帰を望むことが必要だと考えるニーチェは、私たちが自分自身に関する事実だけでなく、「この蜘蛛も、木々の間から射し込んでくるこの月明かりも」（『学問』三四一）含むあらゆる瑣末な事実までも肯定することを求めているという点です。ですが、そうしたどうでもいいような事実が自己の「芸術的解釈」に組み込まれるというのは、なかなか合点のいく話ではないでしょう。第二に、永遠回帰・運命愛・肯定に関する箇所では暗に次のように主張されています。つまり、これら三つは、自分が肯定する対象が醜いもの・おぞましいもの・望ましくないものであるということとの完全な認識を伴うものである、と。ここでは、恐ろしい真実を直視したうえで、それでもなおそれを肯定することが求められているというわけです。しかしこれに対して、自分の性格に「様式《スタイル》を与える」という考えにおいてニーチェが提唱したのは、私たちは、除去できないものについてはどうにかして覆い隠すか、あるいは少なくとも美化しなければならないということでした。

この点以外にも、自分の性格に「様式《スタイル》を与える」という考え方には問題があります。それは、運命愛を論じる際に着目したのと類似の問題です。「自分の性格に様式《スタイル》を与える」ことを求める命令は、何かを行うことを求める命令のように思えます。私たちは自分の性格に変化を加える、あるいは少なくともそれに芸術的な再解釈を施すことを試みるべきだとされるのですから。けれども、運命愛に関するところで述べたように、ニーチェは私たち人間を「運命の断片」と見なしていました。ニーチェに言わせれば、人間は、相互に作用し合う様々な衝動の集まりにすぎないという点を思い出しましょう。衝動を上から眺め、コントロールするような行為者や自己は存在せず、存在するのは互いにせめぎ合い雌雄を決する衝動だとされるのでした。先ほどの肯定をめぐるところで提起した問いの繰り返しになりますが、「肯定する」と称されることを「私」が「行う」などと果たして言えるのでしょうか？　自分の性格に様式《スタイル》を与えるために「私」が何らかの行いをするというのは、一体どういうことなのでしょうか？

その答えのきざしは、少し後の「物理学万歳！」という題の節（『学問』三三五）で示されています。これは謎めいた節題だという第一印象を与えてしまうかもしれません。それというのも、この節は自己知にまつわる問題、つまり物理学とは大きくかけ離れているように思われるトピックで始まっているからです。私たちは、自分は自己知を持っていると考えるものです。自己知を持っているというのは、自分が何を考えているのか、何を行おうと意図しているのか、何を欲しているのか、といったことを直接知っているという意味です。こうしたことは、自分自身の意識を通じて直ちに「言う」ことができます。しかし、これはせいぜい表面上のことにすぎません。どんな判断や意図にも、「君の衝動・好き嫌い・経験の内に前史」があり、しかもこれらは、意識することで直接知りうるものであるとは限りません。私たちの思考と行為を導いているのは、意識ではなく、「意見、価値評価、また好ましいとされることの一覧表」、つまり衝動だとされます。そしてこれらは「私たちの行為という機械装置の中で最も強力な梃子《てこ》」であり、「認識不可能なもの」、「見通すことのできないもの」であり続けるというのです。この主張をもとにして、ニーチェは二つの考えを提示しました。一つ目は、道徳的な「おしゃべり」は放っておき、行為の原因は意識に訴えれば明らかになるとは思わないようにすべきだということ。そして二つ目は、「私たちは自分の意見や価値判断を純化し、何が好ましいかに関する独自の新たな一覧表を創造することだけに専念」すべきだということです。しかも、私たちは「現にあるところの自分に、つまり、新しく、独特で、比類のない人間に、自らに法則を与える人間に、自分自身を創造する人間になること」を欲しているものです。とすると、私たちは「自分の性格に様式《スタイル》を与える」という考えの領域に舞い戻ることになります。ですが、問題は悪化してしまったように思えます。その元々の問題というのは、人は「運命の断片」であるのにもかかわらず、自分の性格に様式《スタイル》を与えるために何かをするなどということが一体どうして可能なのか、というものでした。さて、この段落で確認したように、ニーチェは人間が自分自身を創造するということに関する話をしているのですが、それは不可能な芸当のように思えます。もし私たち人間が、ニーチェの言うように、「運命の断片」であるのだとしたら、私たちは運命を免れて自分自身を創造することなど果たしてできるのでしょうか？　疑問はまだあります。自己が創造されるための素材となる本来の「もの」というのは一体何なのでしょうか？　そもそも自己創造を行うことができるためには、自分というものが何らかの意味ですでに存在している必要があるのではないでしょうか？　さらに困ったことに、私たちがしなければいけないのは「現にあるところの自分になる」ことだとニーチェはしているのです。私たちがすでに何らかのもので「ある」のならば、改めてそれに「なる」ことに一体どんな意味があるというのでしょうか？

「自己創造」と「現にあるところのものになること」についての考察は後半の章にゆずるとして、ここでは運命の断片という難問の方に着目したいと思います。ニーチェは「物理学万歳！」という節の最後のあたりで、ようやく物理学の話に入ります。ニーチェによれば、自己創造という目標を達成するには、私たちは「この世界における法則的で必然的なもののすべてに関する［……］発見者に、つまり物理学者にならなければならない」のですが、「従来の価値評価や理想はすべて、物理学に関する無知に基づく形で、あるいは物理学と矛盾する形で築き上げられてきた」とされます。この主張からは、自分を変えること、すなわち新たな価値観を創造したり、自分の性格に様式《スタイル》を与えたりすることは、私たちが直接的に行えるようなことではないという点が示唆されています。私たちは、自分はある環境に置かれた自然物であり、自然法則と自然原因に従属しているという点を学び取ることを通じて、そうした行いを達成するわけです。要するに、自分自身の変化、つまり自分の衝動の変化は、物理的な仕方で実現されなければならないのです。ニーチェがしばしば論じるところによれば、生理機能や食生活こそが人の価値観や行動を決定しているため、人に生じる変化は物理的な変化だということになります。私たちは意識に訴えても自分の衝動を明らかにすることはできないのですから、「[自分の]強みや弱みをすべて見通す」ためには、自らの意識的思考ではなく、自らの来歴や環境に注目することによって、自分がどのような衝動を持っているかを把握しようとする試みが必要だと言えます。ですが、これに対して次のように抗言する人もいるかもしれません。「私は自分の性格に直接『様式《スタイル》を与える』わけではなく、自らの置かれた環境に変化を加えて、自分の最も無意識的な衝動に影響を及ぼそうと試みることでそれを達成しているだけなのだとしても、それでも私は何かを行っていることになるのではないだろうか?」と。どうやら「運命の断片」の問題にはまだけりがついていないようです。それに、「自分自身を創造すること」と「現にあるところの自分になること」をめぐる謎めいた主張もまだ手つかずのままです。この問題はかなり奥が深いと言えます。しかもニーチェの唱えるラディカルな自己観もそれと同様に奥が深いのですが、この点は後半の章で確認したいと思います。

第4章 ニーチェのバイブル

——『ツァラトゥストラはこう語った』

ニーチェは、パウル・ドイッセンに宛てた一八八八年一一月付けの手紙で、『ツァラトゥストラはこう語った』は「何千年に一冊という重要な本、未来のバイブル」になるだろうと述べています。『ツァラ』がニーチェの最も有名な著作であることは間違いありません。先に述べた通り、第一次世界大戦中、ドイツ兵に配布されたほどです。『ツァラ』は彼のその後の著作物の中でも頻繁に言及されており、『この人を見よ』では、『ツァラ』を論じる箇所にかなりの分量があてられています。この作品は数え切れないほど多くの方面に影響を及ぼしました。たとえば、リヒャルト・シュトラウスの交響詩《ツァラトゥストラはこう語った》はニーチェのこの著書に触発されてできたものです（もっとも、いまとなっては、この楽曲を聞いたとき頭に思い浮かぶのはニーチェというよりもむしろスタンリー・キューブリック監督の映画『2001年宇宙の旅』の方だと思いますが)。同様に、グスタフ・マーラーも同書から音楽的インスピレーションを得ています。また、カール・グスタフ・ユングもこの作品に魅了されており、ユング派の精神分析にはその影響が見て取れます。それに、逆説的な話ではありますが、ナチ党とシオニズム運動は両方とも『ツァラ』から影響を受けています。この作品は「哲学小説」と形容されることもあります。この言い方は不適切というわけではありませんが、これでは、それがやりすぎなほど意匠を凝らした散文で書かれている点や、大部分が説教の形をとっており、ときに辛辣すぎて読者の忍耐力が試されることもあるという点が十分に捉えられていません。個々の章(あるいは節)は決まって、「ツァラトゥストラはこう語った」というフレーズで締めくくられています(歌の場合は「ツァラトゥストラはこう歌った」と言われて終わることもたまにありますが)。この作品には動物の描写がふんだんに盛り込まれており、人間の性格特性の様々な側面がいろいろな生き物によって象徴的に表されています。『ツァラ』はニーチェのほかのどの著作ともまるで違う作品ですし、西洋哲学を代表する哲学書の中にもこのような作品はほかに存在しません。ニーチェ自身、この作品については様々な捉え方をしています――つまり「バイブル」としてだけでなく、「交響曲」や「詩」として。ツァラトゥストラという名前はゾロアスター教を創始したペルシアの預言者に由来しています。そんな人物が主人公に選ばれている分、この作品の宗教的な意味合いは当然それだけ強まっていると言えるでしょう。

『ツァラ』はニーチェの最も有名な作品ですが、哲学的な関心からニーチェを読む人たちにとってその重要性は薄れてきています。たしかに、英語圏で本格的なニーチェ研究が始まったばかりの頃は、『ツァラトゥストラ』こそが最大の注目を集めていました。プリンストン大学に勤めたニーチェ研究者で、英語圏のニーチェ研究にとっての大恩人と言えるウォルター・カウフマンは、『ポータブル・ニーチェ』〔*The Portable Nietzsche*〕という多大な影響力を持つニーチェ著作集を編纂しました。しかし、これには数々の作品からの抜粋が収録されているものの、全訳で収められたのは『ツァラトゥストラはこう語った』などの四作品にとどまります（ちなみに残りの三つは『偶像の黄昏』・『アンチキリスト』・『ニーチェ対ワーグナー』です）。今日、哲学的関心の強い編者の手で作品集が編まれるならば、このような配分がされることはまずないでしょう。少なくとも、ニーチェの最重要書と言える『系譜学』については全文が、そして『善悪の彼岸』・『愉しい学問』・『曙光』については、カウフマンが採用した以上に多くの部分が収められなければならないはずです。これらの著作もまた、退屈であったり、（悪い意味で）学術的であったりするわけではありませんが、同時にこうした作品では、ニーチェの思想が『ツァラトゥストラ』というセンセーショナルなドラマよりもはるかに繊細かつニュアンスに富んだ仕方で表現されているのですから。たしかに『ツァラ』を読むと、読者は心を奪われ、高揚感を覚えるものです（ただ、辟易してしまう読者もいることは間違いありません）。けれども、そうなってしまうと、彼の別の著作に目が向かなくなってしまいかねません。そうした作品からは、哲学的な面に関して、もっと学ぶべきところがあるというのにもかかわらず。

また、『ツァラ』は、ニーチェが個人的な危機を迎えていた時期に書かれたものです。ルー・ザロメ事件を経て、彼はすっかり意気消沈してしまっていました。パウル・レーに裏切られたと感じたニーチェは、レーを宛名にした罵倒の手紙を起草しています。そればかりか、レーの兄ゲオルク宛てにもパウルとルーをこき下ろす内容の手紙をしたためています。ニーチェの妹もまた、パウルとルーの二人への口汚い誹謗中傷を長文の手紙にしてレーの母親に送りつけていました。

さて、ニーチェに関する最も信頼できる伝記を最近執筆したジュリアン・ヤングによると、ニーチェがルーに対して抱いていた思いは一触即発の危ういものだったのですが、そこには妹の動機に対する不信感も関わっていました。ニーチェは、妹が自分の切迫した気持ちを煽り立てるのは、ニーチェの愛の理想のためではなく、エリーザベト自身の恨みを表現するためだけなのではないかと考え始めたのです。『ツァラ』において表明されるニーチェの女性観は、この事件全体、ルーへの思いの強さ、あるいはさらに妹への不信感からも強い影響を受けています。ザロメ事件以前のニーチェの女性観は、当時としてはかなりリベラルなものでした。ですが、『ツァラ』第一部の「老若の女どもについて」という章では、女性について、それまでとは大きく異なった、しかも聞いていてあまり気分の良くない考えが表明されているのです。たとえば、ツァラトゥストラは、女性は男性を子どものための手段としてしか見ていないと宣言しています。また、最も優しい女性ですらも、まだ辛辣だと述べられています。最も幸せな男とは意志する者であり、最も幸せな女とは男の意志に従う者だとされ、さらには、女性は浅薄であり、見かけだけの浅い生き物にすぎないとまで言われる始末です。何といっても、「女のところに行くのか？　それなら鞭を忘れるな！」というあの悪名高いフレーズもこの章に登場します。この表現は、一八八二年に撮影されたニーチェ、レー、ザロメの有名なスリーショット写真と関連づけながら考察されることがよくあります。この写真は、ニーチェとレーが荷馬車の馬の位置にいて、ザロメは荷台に乗って鞭を持っているという構図になっています。しかしながら、鞭を持っているのはザロメなのですから、先ほどの『ツァラ』のセリフとこの写真に関係があるとはとても思えません。実のところ、この写真は、ワーグナーの〔《ニーベルングの指環》に登場する〕キャラクター、フリッカをほのめかしたものだというのが大方の見方です。それというのも、フリッカは馬車の中で鞭を持ち、夫は本来馬がいるはずの場所にいるというふうに描かれているからです。ただ、いずれにしろ、「女性のところへは鞭を持っていけ」という『ツァラ』のフレーズが持つ辛辣さが和らぐことにはなりません。それに、この言葉は老婆がツァラトゥストラに向けて言ったのであり、その逆ではないと指摘したとしても、印象は変わりません。そうした発言は、ニーチェがルーとエリーザベトの双方に対して抱いていた苦々しい気持ちを表しているのと考えざるをえないのです。

『ツァラトゥストラ』をさらに詳しく

『ツァラトゥストラはこう語った』は、序説と四つの部とで構成されています。第一部と第二部は一八八三年に、第三部は一八八四年に刊行されました。その翌年には第四部が完成したのですが、私家版として四十五部しか印刷されませんでした。のちにニーチェの最も有名な作品として名をはせる著作にしては幸先の悪いスタートと言えるでしょう。前章では、『この人を見よ』において、『ツァラトゥストラ』の「基本構想」は「永遠回帰の考え」であると述べられているという点に触れました。それについては後でまた論じようと思いますが、『ツァラ』と『愉しい学問』の間にはこれとは別の接点もあります。『愉しい学問』の狂人がニーチェであるのならば、ツァラトゥストラという人物もまたそうであるというわけです。これはつまり、ツァラトゥストラはニーチェであり、また狂人でもあるということです。ツァラトゥストラは、ニーチェがシルス・マリアの部屋から市場に降りていったように、孤独に過ごした山を下っていきます。その途中で聖者に出会ったツァラトゥストラは、その聖者がまだ神の死を耳にしていないことを知って驚きます。ツァラトゥストラは狂人と同じく市場で神の死を宣告するのですが、彼の場合は、ランタンではなく、それとは別の光源・意味の源である「超人〔独：Übermensch〕」の登場を要求します（ちなみにこの用語はかつて「superman」と英訳されていましたが、ここでは現在の定訳である「Over-man」という表現を踏襲します）。ツァラトゥストラは「私は諸君に超人を教えよう」と宣言するのです。ですが、「超人」とは一体何なのでしょうか？

一つ目の手がかりは、ツァラトゥストラは「超人」に言及する際、「人間は超克されるべきものである」とも述べている点に求められます。超人とは、現在の人間の欠点や欠陥を修正するものだとされているのです。『愉しい学問』の狂人が抱いていた懸念は、神が死ぬと、人間存在が持つ全般的な意味や人間存在を理解するための全般的な解釈は不可避的に失われてしまうというものでした。超人は、人間存在の新しい意味を体現するとされます。その内容がどんなものであるかを確認するために、超人が超克するとされる人間本性の欠点や欠陥ということでニーチェは何を考えているのか、そこまで遡って考察することにしましょう。この欠陥は、代表的には、ツァラトゥストラが「末人《まつじん》」と呼ぶ人物において現れています。末人というのは、意味を失った人類が必ず行き着く結末であり、「最も軽蔑すべき人間」とされます。末人は、ある種の穏やかな満足感、苦しみからの自由という意味での「幸福」の発明者だと言われます。しかし、この意味での「幸福」は、目的もなく漫然と生きている状態にすぎません。末人は「星とは何か？」と問うたり、「創造とは何か？　憧れとは何か？」と問うたりするだけです。人類は方向性を与えてくれる目的や意味を持っていないと、不快感を避けようとするおとなしい動物の群れのレベルにまで落ちてしまうというわけです。ということは、超人は、人間存在について何か別の解釈を与えてくれるような者であることになります。でも、そのような解釈はどのように与えられるのでしょうか？　超人は、キリスト教がするように、人間本性に対して実質的で包括的な意味を与えるというわけではありません。超人は、自分の人生を形作り、方向づけてくれる目的や目標を手にしていいます。そしてそれはつまり、境遇や人生に不満を抱いているということを意味します。ツァラトゥストラは「私は大いなる軽蔑者たちを愛する。なぜなら彼らは大いなる尊敬者であり、憧れの矢であるからだ」〔『ツァラ』序四〕と言っています。どんな人間にとってもただ一つの意味があるというわけではありません。人間の本性からして、人類は何らかの目的や目標を持たなければならず、さらにそれらを追求しようと動機づけられるためには、不満足な状態でなければならないというわけなのです。

これがどういうことかを理解するためには、いかにしてそのような人間が出現することができるようになったかに関するニーチェの考えを確認する必要があります。『ツァラ』第二部の「自己超克について」という章では、ニーチェの最も悪名高い教義の一つとして知られる「力への意志」説が導入されています。人間本性はこの「力への意志」を体現しているため、人間本性は超克されうるのであり、それゆえ超人が存在しうるということになります。ですから、超人を理解するためには、「力への意志」を理解する必要があります。残念ながら、このニーチェの最も有名な作品の中で最も有名な教義は、そこではあまりにもあっさりと、しかも比喩的な形でしか論じられていません（なおこれは、『ツァラ』が哲学的な価値に乏しいと言うための多くの根拠の一つに数えられます)。ツァラトゥストラは、「生についての、そして生きとし生けるものすべてのありよう」についての自身の洞察を私たちに提供すると称しています。その洞察というのは、あらゆる生は「服従」と「命令」の関係で成り立っているという主張です。根本的な「生への意志」が存在するのではなく、生があるところには力への意志があるというのです。ツァラトゥストラは、この「秘密」、すなわち、あらゆる生の背後には「服従」と「命令」の関係があるということを、生そのものが彼に語ったのだと述べています。「見よ。私は、つねに自分自身を超克しなければならないものなのだ」と。では、この話はどう理解すればよいのでしょうか?

第二章のことを思い出してください。そこで私は「衝動」という概念を簡単に紹介したうえで、ニーチェが公表しなかったノートの中で論じている「衝動」は、当時の生物学や心理学に触発されたものだと述べました。「生」を生物学的カテゴリーのものだと考えれば、ニーチェが「生」について論じている内容は、人間を始めとする生物の構成要素である「衝動」を論じたものと理解することができます。人間は衝動で構成されており、そして衝動は生理機能に根ざした因果的傾向だとされます。衝動はある物事を「目指す」とか「価値づける」と言われていますが、こうした言葉は、衝動は意識を持った行為主体であるとか、人間のような生き物であるとかいったことを意味していると捉える必要はありません。そうではなく、自然選択の面で有利となる因果的傾向と考えて構わないのです。たとえば、「木が高く成長するのは光を手に入れたいからだ」という発言は、自然選択において有利な要素となり、木の生長に寄与するような特定の因果的傾向を簡潔な形で言い表したものと理解できるわけです。衝動というのは因果的傾向であるため、私たちは、衝動は物事を「目指す」と言って差し支えないのです。しかしながら、ニーチェがノートの中で展開している衝動に関する議論には、これ以外にも、ここでの問題に直接関わる注目すべき点があります。ニーチェは、あらゆる衝動は「力への意志」を表すとしているのです。さらには、「どんな衝動も一種の支配欲なのであって」〔『意志』四八一〕、それに伴う「私有化や同化は、まずもって、圧倒しようと欲すること、造形・成形・変形することであり、これによってついには、圧倒されたものは攻撃者の支配力の中に完全に移行することになる」〔『意志』六五六〕と述べられています。衝動は互いに「命令し合い」、「服従し合う」のです。さて、ここでは「欲」、「命令」、「服従」、そして何よりも「意志」という言葉が使われているのですから、衝動は小さな行為主体ないし人間にほかならないのではないかという懸念が再燃してしまうように思われます。しかし、ここでもこの懸念は払拭できます。ある衝動が「支配欲」を持っているというのは、ある因果的傾向がその最大の効果を生み出しているのであり、それはそのほかの衝動からの因果的抵抗に出会うという意味として理解可能です。因果的傾向は相互に対立しているため、衝動の間には「闘争」が生じることになります。たとえば、庭の雑草を考えてみましょう。雑草は衝動で構成されているのであり、それが順調に成長しているというのは、それが健康な植物であるということだけでなく、それが周りの全植物からすべての資源を奪って窒息させるものだということも表しているのです。ニーチェが執筆活動をしていた当時広まっていた生物学的命題によれば、ある生物が生存しているというのは、その生物が環境に適応した結果というだけでなく、その環境における因果的傾向が強かったためでもあります。たとえば、雑草はほかの植物を「超克」する、つまり制覇し克服するものなのです。ニーチェは、ほかならぬこの生物学的な考え方にヒントを得て、人間の衝動はどれもその効果を最大化する因果的傾向であると考えました。したがって、人間の衝動が「超克しようとする」因果的抵抗が存在するということになるわけです。「力への意志」は衝動から切り離せるものではなく、それはむしろあらゆる衝動の本性にまつわる一つの事実なのです。

人間というものが、自らの効果を最大化する傾向を持つ衝動、つまりそのほかの因果的抵抗を「超克しようとする」衝動の集まりであるのだとすれば、「超人」というのは自分自身を超克しようとする者として描くことができます。そして、人が衝動の集まりであるならば、自己を超克するというのは、自分の衝動を超克することになります。また、人は衝動の集まり以外の何ものでもないのですから、自己を構成する衝動の超克というのが、ある一つの衝動によるそのほかの衝動の支配、つまり「超克」の問題であるという点も明らかです。そうでないと、私たちの衝動は、互いに相容れない様々な目標を目指してしまい、精神的な不調和を引き起こすということになりかねません。ただ一つの衝動が、自己を構成するほかのあらゆる衝動を「支配」すること、「自己超克」と「超人」はこんなふうに理解できるのです。

『ツァラ』第一部に再び目を向けると、この理解が、「喜びの情熱と苦しみの情熱について」という見出しのもとでツァラトゥストラが説いている内容とぴったり符合していることがわかります。この箇所では次のように語られています。つまり、「徳」を一つだけしか持っていないというのは幸運なことであって、多くの人は徳同士が争う「戦場」なのであり、この戦場では「君の徳のどれもが最高の地位に就くことを切望している。どの徳も君の一切の精神を欲し、それを自分の伝令使にしようとする。どの徳も君の怒り・憎しみ・愛における一切の力を欲している」と。

ここで重要なのは〔日本語では「徳」と訳される〕英語の「virtue」とそれに相当するドイツ語の「Tugend」が持つ意味です。なぜなら、この単語には道徳的な意味（たとえばマサミは徳のある人だということ）だけでなく、力や能力という意味もあるからです。ある人の倫理的な性格（つまりその人が持つ「徳」の集まり、その人の好み・価値評価・計画・欲求などの型《パターン》）は、その人の力や衝動の集まりでもあるというわけです。そうした徳の集まりでありさえすれば、それは、「徳」という語のこれら両方の意味で、戦場になりえます。なぜなら、人はそうした徳に応じて、互いに相容れない様々な方向に向かわされる可能性があるからです。たとえば、私が「素晴らしい交響曲を作りたい」という衝動と、「ミシュランの星付きシェフの地位を手に入れたい」という衝動を同時に持っているとしましょう。言うまでもありませんが、この二つの衝動を同時に追求することは現実的には不可能です。成功を収めるためには、どちらか一方にとにかく全リソースを注がなければなりませんし、運悪くこの二つの衝動を抱いてしまった人の場合、二つの目標の間で心を決めかねて迷ってしまうか、あるいは一方の目標をもう一方の目標のために犠牲にしたせいで片方は未達成のままになってしまい、最終的に満足のいく結果を得ることはできません。そこでツァラトゥストラは、ほかのすべての衝動をただ一つの方向に集中させるただ一つの支配的な衝動を持つよう説き勧めるのです。

衝動や力への意志についてのニーチェの考え方は、当時の生物学から着想を得ているという点にはすでに触れました。しかし、私が挙げた例で語られているのは、生物学というよりはむしろ心理学のことでした。ここで特筆すべきは、ニーチェが出版しなかった手稿では生物学がモデルとされているものの、公刊著作では主に人間の心理に焦点が当てられているという点です。衝動や力への意志の着想は生物学に由来するのですが、ニーチェは道徳について語る際、特に公刊著作においては、それらの心理的な形での現れ方にフォーカスしているのです（この点は『道徳の系譜学』を論じる章で確認することになります）。ですから、力への意志には心理学的なバージョンもあることになります。しかも、これはニーチェの道徳観を理解するうえでも重要になります。私たち人間はそれぞれ、ある特定の物事に対する目的・目標・欲求などを持っているものです。たとえば、ギターを弾けるようになりたいという欲求を考えてみましょう。この欲求は、どのようにして「力への意志」を発揮しているのでしょうか？　「力への意志」が発揮されてい**ない**ケースとしては、次のようなものがあります。つまり、ある程度の習熟度に達するまで、たとえば三曲くらい弾けるようになるまで練習するというケースです。そのレベルに達すれば、私の欲求は満たされる（哲学者らしい言い方をすると、欲求が「満足」される）ことになります。しかしながら、ニーチェの考えによれば、私たちが持つ動機づけの大半はこんなものではありません。ギターを習うとき、私は自分の技術を向上させ、正確性を高め、この楽器をもっと自在に使いこなせるようになりたいという動機づけを継続的に持つものです。たしかに、何年もかけてある一つの特定の曲を習って、何とかそれを弾けるようになったあかつきには満足感を得られるということもなくはないでしょう。ですが、私はそこで満足することなく、もっとギターがうまくなりたい、もっと正確に弾けるようになりたい、もっと高度で難しい曲に挑戦してマスターしたいと思うものです。私の欲求は、ギターを弾くことを目的としているのですが、一つの特定の曲を覚えるというような限界の見える目標であるわけではありません。むしろその真髄は、どんどん難しくなる数々の課題に挑戦し続け、克服するという活動にこそあるのです。ニーチェによれば、どんな動機づけも力への意志を発揮しており、何らかの特定の目標を持っています。その目標というのは、たとえば、美味しい料理を作ること、競争に出て走ること、本を執筆すること、家をきれいにすることなどです。いや、ただこうした目標があるだけではありません。それらを達成するにあたっては、ある特定のやり方がとられなければなりません。つまり肝心なのは、そうした目標を自分がマスターしようと目指す挑戦と見なすことなのです。私たちは、完成度の高い料理を確実に作れるようになりたいと思うものですし、特に難しいレシピであれば、その分だけ多くの喜びを得られるでしょう。しかも、私たちはそれに甘んじることなく、さらにマスターするのが難しい料理を追求していくものなのです。

したがって、超人とは、ほかのあらゆる衝動を支配下に置いて従属させるような、何らかの包括的な衝動や目標を持った個人として理解することができます。しかし、どうしてこれが人類にとっての「新たな意味」であると言えるのでしょうか？　先述のように、ニーチェは、あらゆる価値は人間が創造したものだと主張しています。この主張は次のように理解できるでしょう。つまり、ある物事が価値を持っているのは、それが称賛されたり、追求されたり、人間が達成しようと努める目標にされたりするからだと。それらが称賛されたり、追求されたり、人間が達成しようと努める目標となっていたりするのは、それらがもともと価値を持っているからではないのです。さて、超人は一つの統一的で包括的な目標や目的を、すなわち自分の力への意志を表現するような一つの目標や目的を持っているとされるのでした。『偶像の黄昏』（「箴言《しんげん》と矢」第四四節）では、ニーチェの「幸福」の定式は「一つの然り、一つの否、一つの直線、一つの目標」だと述べられています。ただ一つの目標を目指す一つの包括的な衝動を持った人であれば、「価値の創造者」となることができるわけです。けれども、これは全人類がただ一つの目標しか持っていないと言っているわけではないという点に注意してください。「超人」はただ一つの目標を追求するものだ、という点が大事なのであって、その目標がどういう内容のものかは人によって異なりうるのです。超人が人間にとっての新たな意味であるのは、超人が価値を創造し、それによって「意味」が生まれるからではなく、人間というものが、一つの目標に向けられた数々の衝動が統合されて成る存在だからなのです。そうでなければ、人間は「互いに平和に過ごすことがきわめてまれな野生の蛇の群れ」（『ツァラ』第一部「蒼白の犯罪者について」）になってしまうのです。それどころか、ツァラトゥストラはこの発言の少し後のところで、ほとんどの人間は、互いに競争する衝動の無秩序な集まりであるため、断片的な存在でしかないとほのめかしています。曰く、「私は人間たちの間を歩いて通るとき、人間のばらばらになった四肢や断片の間を通っているような気がする」（『ツァラ』第二部「救済について」）。超人というのは統合のモデルになれるはずなのです。だからこそツァラトゥストラは「来たるべき未来の断片の間を歩いている」のです。

末人

しかし、ツァラトゥストラは「来たるべき未来の断片の間を歩いている」というのなら、なぜ彼は「末人」の到来を予見しているのでしょうか？　この問題は、人間の動機づけは力への意志、つまり新たな目標を継続的に達成して乗り越えようとする傾向を表しているという考えのもとでは、とりわけ喫緊の問題だと言えます。ニーチェが人間の動機づけの不可欠な側面と目していた「力への意志」、まさしくそれが「末人」には欠けているように見えるのです。一体どうしてそんなことになるのでしょうか？

「末人」は、人間存在に関するキリスト教的な解釈の残影だとされます。この解釈のもとでは、苦しみは死後の世界で救済されるのであり、完全に無私であることこそが人類の理想と考えられているのでした。この考えについては、前章で、なぜ「神の死」はニーチェにとって重大な出来事だったかという話題と並行させながら簡単に触れました。確認になりますが、その理由は、キリスト教の崩壊は人間存在に関するこの解釈を保証するものが崩れ落ちるということを意味するからなのでした。私たち人間の本性に関するこの解釈は崩壊しかけているのですが、それでもしぶとく影のように残っているのが、この解釈の道徳的な要素、特に、苦しみを完全に除去することは可能であり、しかも望ましいことだという考え方、そして他者への思いやりこそが道徳的に重要な価値であるとする考え方なのです。これらの（相互に関連する）考え方がなぜ危険なのかといえば、これらは人間本性に対して有害であるからにほかなりません。本質的に人間は力への意志を発揮する衝動の集まりであるのだとすれば、苦しみは私たちが生きていくための必要条件であることになります。私たちは何らかの活動に取り組む中で、克服すべき抵抗に出会うだけでなく、それを積極的に追い求めるものですが、そのためには多大な労力をかける必要があり、そこには必ず苦痛や犠牲が伴います。ツァラトゥストラの考えによると、苦しみをいつも必ず悪いものとして前面に押し出すと、人間は、苦しみや不満を源とするような真の行動や創造的な努力の労苦ではなく、簡単に手に入る慰めを追い求めるようにさせられてしまいます。次に、無私の理想、つまり自分自身のニーズや利益よりも他者のニーズや利益を優先するという理想は、対象を操り統制することを絶えず追い求める衝動によって構成されるものとしての人間の本性に反していいます。ざっくり言うと、創造的な企てを追求するためには、少なくとも、他者のニーズを無視しなければならないということもあるのです。この考えを示す例には、比較的当たり障りのないものもあります。たとえば、シェフになるための修行代を貯めるべく、毎月行っていた慈善活動への寄付を中止するというケースがそれです。しかし、同様の例でも、ややもすると、他者の苦しみに対して全く無関心になったり、あまつさえそれを利用したりというような、とても穏やかでないことになってしまうことがあります。映画監督のスタンリー・キューブリックが『シャイニング』の撮影中、俳優のシェリー・デュヴァルに残酷なほど厳しくあたったことはよく知られているでしょう。彼女に同じシーンを何度も何度もやらせたのは、最高のテイクを撮るためではなく、彼女のストレスを増大させて、役柄から出る痛ましさをより本物らしくするためだったのです。彼女が泣いているシーンは、多くの点で、演技としてはこれ以上ないほど本物らしいと言うことができます。しかも、注目すべきことに、この例は先ほどの「苦しみ」の話とも関連しています。どうしてかというと、キューブリックはデュヴァルの苦しみに無頓着なだけでなく、その苦しみを積極的に増大させようともしていたからです。ニーチェは『善悪の彼岸』（第二二五節）でこう述べています。

諸君は、できることなら（これほど馬鹿げた「できることなら」はほかにないが）、苦悩というものを撤廃してしまいたいと望んでいる。では、私たちは？　私たちなら、むしろ、それをかつてないほどに高揚させ、よりつらいものにしたいと望むだろう！　諸君の理解するような幸せ――それは目標などではなく、私たちには終末のように思われるのだ！［……］苦悩の、大いなる苦悩の鍛錬――いままでのところ、人間の飛躍はすべてこの鍛練が創出したものであったということを諸君は知らないのか？

キリスト教道徳の大枠に対してニーチェが抱いている懸念と、そして、ニーチェが人類にとって有害だと考えていた道徳もまたそれ自体力への意志から生まれたものであるということ、これについては後半の章で考察します。『ツァラ』に登場する中心的な道徳概念である「憐れみ」や「同情」に関してはまた別の問題があるのです。この問題についてもニーチェは『ツァラ』以外の場所でよりうまく表現しているのですが、ここではまず『ツァラ』におけるその劇的な描写を見てみましょう。第二部において、ツァラトゥストラは旅の途上で「身障者や物乞いたちに取り巻かれ」、その中で背中にこぶのある男と出会います。この男はツァラトゥストラのことをうわさで知っており、彼に向かって次のように言います。民衆はツァラトゥストラを信仰するようになっているけれども、ツァラトゥストラが自分の本領を発揮して身障者たちを説き伏せるためには、彼らを治療してあげなければならないのだ、と。しかしツァラトゥストラは、「背中にこぶのある男からこぶを取り去ると、彼の精神まで取り去ることになる――民衆はそう説いている」と言って断ります。では、なぜツァラトゥストラはこんなことを言っているのでしょうか？　そして、この発言は憐れみとどう関係しているのでしょうか？

ここからは、憐れみをめぐって詳しい考察が展開されている『愉しい学問』を少しだけ再訪することにしましょう。憐れみはショーペンハウアー倫理学において中心的な位置を占めているため、これが同書で特別な扱いを受けているのは当然のことと言えます。ニーチェは『学問』九九でショーペンハウアーの名を挙げ、ショーペンハウアーが同情について述べていることは「ナンセンス」だと主張しています。その後の方では（『学問』三三八）、同情は「のんきな快適の宗教」などと呼ばれています。一体なぜニーチェは同情というものに対してこんなに暗い態度をとっているのでしょうか？　ニーチェは様々な角度から、様々な強さの批判を展開しています。序盤では（『学問』一三）、同情を示すというのは、実は、他者に対する力の感覚や優越感を引き出すための方策にほかならないという主張が見受けられます。苦しんでいる人たちは、同情する側からすれば「いいカモ」であって、同情する側は相対的に優越しているという感情に浸ることができるというのです。なるほど、たしかにそのようなケースもあるでしょう。ですが、この所見だけでは、それほど強力な批判にはなりません（これがあらゆる同情の事例に当てはまるというのなら話は別ですが）。それよりも強力なのは、憐れみを「のんきな快適」（『学問』三三八）と規定するというニーチェの見方を支える批判から得られます。他者に同情を覚えるためには、その人は何らかの形で苦しんでいるのだという認識を持っていなければなりません。けれども、誰かが本当に苦しんでいるかどうかを見極めるのは、必ずしも簡単なことではありません。手を深く切ってしまい、あまりの痛さにのたうち回っている人がいた場合、その人が苦しんでいるのは目に見えて明らかです。しかし、多くの場合、事態はもっと複雑です。末期を迎えた子どもの親や、不平等な結婚生活を送っているという人についてはどうでしょうか？　とっさに「大変ですよね」と声をかけてあげる方もいるかもしれません。ですが、そうしてしまった場合、その人は相手の状況を適切に理解していないまま反応するという傾向を知らず知らずの内に露呈していることになりかねません。いや、それだけではありません。不幸と思われる人生の特徴が、同情の対象とされる人自身にはどう受け止められているかを考えないまま反応する傾向までもが露わになるのです。同情を示す人は、同情の対象となる「不幸」の決定要因である、「内面的な経緯や錯綜とした状況の全貌については何も知らない」〔『学問』三三八〕というわけです。むしろ同情というのは表面的なものにすぎず、同情される側の人は自分の真に個性的なところを「剝ぎ取られる」〔『学問』三三八〕ことになってしまうのです。ここから、背中にこぶのある男の話につながります。彼のアイデンティティーは、部分的には、その身体的状態によって規定されています。しかも、それは超克するべき抵抗の構成要素となっている――したがって力への意志が発揮できるようにしてくれる――だけでなく、彼の性格を形作ってもいます。彼の性格は「内面的な経緯や錯綜とした状況の全貌」から生まれたものであり、彼のこぶのある背中はその決定的な部分なのです。それゆえ、「背中にこぶのある男からこぶを取り去ると、彼の精神まで取り去ることになる」わけです。人は、誰かが同情を必要としているかどうかを表面的な仕方で見極めるものだ、とだけ言われているのではありません。肝心なのは、その表面性には、狭い道徳の範囲内にとどまろうとする傾向性が反映されているという点です。人は、自分自身の観点から見て苦しみの原因だろうと思われるものに着目し、その範囲の中に収まったままでいて、自分の関心事を通して自分自身をいっそう高く評価するものなのです。「君は人を助けたいとも望むだろう——だが、君と同じ一つの苦悩、同じ一つの希望を抱いているがゆえに、君がその苦境を完全に理解できるような人たちのみを〔……〕、しかも、君が自分自身を助けるのと同じ仕方でのみ」〔『学問』三三八〕。

永遠回帰

『ツァラ』の主要テーマの一つに、ツァラトゥストラが見つけた世界、つまりある種の道徳に支配された世界に対するすさまじい吐き気（Ekel〔独〕）があります。このテーマからは、ニーチェがツァラトゥストラを主人公に選んだということにまつわる皮肉が見て取れます。ツァラトゥストラ（すなわちゾロアスター）というのは、ペルシアの預言者であり、宇宙は根本的に善・悪という二つの相互に排他的なカテゴリーに分かれていると考えていました。ですから、ツァラトゥストラは、ニーチェが否定すべきと考えた立場を最も早い段階で教え説いていた人物の一人だということになります。自分の誤りを正す過程にある人物、それこそがツァラトゥストラなのです。

ニーチェの次の著書『善悪の彼岸』は、まさにこの根本的な区別を否定しようとする試みにほかなりません。苦しみやそのほか多くの「悪」は、わるいだけのものと捉えられてはならないとされるのです。しかし、ツァラトゥストラがそうした世界に吐き気を覚えているのだとすれば、まさしくその名を冠した作品の「基本構想」、つまり永遠回帰についてはどう考えればいいというのでしょうか？　同書の中でこれが初めて登場するのは、第三部の「幻影と謎について」と題された箇所です。ここで永遠回帰はかなり複雑な仕方で表現されていきます。ツァラトゥストラは船に乗っており、船上の船乗りたちに自分が見た幻影を細かく語っていきます。そこには謎が含まれているというのです。その幻影において、ツァラトゥストラは、半分小人、半分モグラのような生き物を肩に乗せて山を登っています。道中、押しつぶされるような重みを感じ始めた彼は突然、勇気を出そうと決意します。山頂に達して深淵を見つけた彼は、勇気があればそれを乗り越えられると主張するのです。ツァラトゥストラのいるめまいのするような高みから眺められた深淵は、生と死の両方を表しています。「これが生というものだったのか」と考えた彼は、「よし、ならばもう一度！」と口にするのです。小人は肩から飛び降り、二人は永遠に果てしなく続く二つの道について議論します。小人は、二つの道は直線になっているのではなく、円環を成しているのであり、私たちは何度も繰り返しその道を歩くよう運命づけられていると主張します。この考えに至って恐怖に襲われたツァラトゥストラは、すぐ近くで犬が吠えるのを耳にします。そして突如として、口から一匹の太く黒い蛇をたらして身をよじらせながら格闘している牧人の姿を目にします。この光景を見たツァラトゥストラの最初の反応は、恐怖・憎悪・嘔吐感・憐れみが色濃く入り混じったものでした。牧人の喉から蛇を引き出そうとするも、うまくいきません。そこで彼は絶叫します。「噛みきれ、噛みきってしまえ！」。船乗りたちにこの光景を事細かく話したツァラトゥストラは、彼らに向かって、これが何を意味していると思うか、と問いかけます。返事はありません。ツァラトゥストラは話を続けます。彼の助言を聞いて、牧人は蛇に歯を立て食いちぎり、頭を吐き出し、「もはや人間ではなく、一人の変容した者、光に包まれた者」として立っていたというのです。

たしかに、蛇は恐怖や嘔吐感、憐れみを表しているということ、そして牧人はそうした感情を打ち破るというよりはむしろ吸収しているということは比較的容易に見て取ることができるでしょう。それどころか、『ツァラ』はニーチェの「バイブル」であるという点とあわせて考えれば、旧約聖書の蛇が誘惑を表しているのと同じで、このシナリオもある種の誘惑を表しているのだと見なすことだって無理な話ではありません。この場合は、恐怖や嘔吐感、憐れみに屈し、自殺的ニヒリズムに降伏してしまえという誘惑です。もちろん、この誘惑は退けられています。蛇は殺され、人間は「光り輝いて」「高らかに笑う」超人という別のものに変貌を遂げたのですから。しかしながら、この練りに練られた場面設定とその結末を読んでみても、『学問』三四一とは違って、永遠回帰の核心をめぐる簡にして要を得た理解ができるようになるわけではありません。それればかりか、この話からは、どうして蛇を噛むという比喩によって、永遠回帰を肯定して人間を超えた存在になるということの意味が解明されるのか、それを理解するための手がかりも全く得られません。とはいえ、永遠回帰が何を意味するとされるかは、先ほどの『ツァラ』のページを読んでもはっきり見通せるようになるわけではないのだとしても、この段階のニーチェ思想において、永遠回帰こそが中心的な関心事になっているというのは明白です。この作品が執筆されたのとほぼ同じ時期に属する覚え書きからは、ニーチェが、宇宙は永遠回帰の可能性を提示しているという考えに興じていることがうかがえます。私たちはみな、永遠に繰り返される、細部に至るまで全く同じ生を生きるのだということ。これは永遠回帰の「宇宙論的」読解と呼ばれます。しかしながら、ニーチェが永遠回帰の証明にどれほどの熱意を持っていたにせよ、これは彼が放棄したにもかかわらず妹によって『力への意志』として刊行された形而上学的なプロジェクトに属するものと考えられますし、それに、『愉しい学問』と『ツァラトゥストラはこう語った』で提示されている限りでは、永遠回帰が主張通りの真実かどうかは問題になっていないように思われます。永遠回帰は真なるものとして提示されているのではなく、もしこうだったらという状況を仮定して、自分ならそれにどう反応するか、読者に考えてみるよう促すものとして描かれているのです。

しかしながら、永遠回帰はまた別の意味で重要で、それはキリスト教との対比において見て取れます。キリスト教の教義では、この世の生というものは、あらゆる苦しみや不幸を含めて、ひどく恐ろしいものではありますが、それは有限です。ここには、罪は洗い流され、無垢は取り戻され、苦しみは報われるという永遠の生の約束があります。この物語は、人間の存在、特に苦しみに対して全般的な解釈や意味を与えてくれます。有限の生は、死後の世界で救済されるのであり、すべての出来事は一つの全体的な計画にきちんと組み込まれているというわけなのです。永遠回帰説は、人間の存在・苦しみの意味・この世の生を構成する出来事に関するこの独特な解釈と著しい対照を成しています。苦しみは最終的な意味を持っておらず（人は何らかの計画のために苦しんでいるわけではないのです）、あの世で救済されるのでもありません。人生は、よりよい永遠の状態にただ単に先行してあるものというわけではないのです。人間の生にとっては、ほかならぬこの世界、この一連の出来事がすべてなのであって、したがって、人生の意義はそれ自体のみにかかっていることにならなければなりません。このように考えると、永遠回帰は、人間存在に関するキリスト教的な意味と著しい対照を成すことになるのです。しかし、『ツァラ』では、永遠回帰の積極的なメッセージが一体どんなものであるかは明確にされていません。

『ツァラ』の第四部では、ツァラトゥストラは様々なものを象徴する人物や生き物に出会います。ニーチェによって理想化されたワーグナーと思しき魔術師、腕に蛭《ひる》を付けて自分のあらゆる偏見を吸い取らせている男、普通の社会に幻滅した二人の王、神の死を悼む最後の教皇、神を殺した者（「最も醜悪な」者）、自らの富を進んですべて投げ捨てた物乞いが登場するのです。しかもその間ずっと、ツァラトゥストラには自分自身の影が付きまとっていました。彼は出会った者全員を自分の洞窟に招待します。ある意味で、彼と出会って洞窟に集まった者たちは、たとえば神の死といった、ツァラトゥストラの教えの一端をきちんと理解できています。しかし、彼らはまだ超人ではありません。その一因は、彼らが信者であるから、この場合で言えば、ツァラトゥストラの信者であるからです。彼らはキリスト教的な人間存在の意味からは抜け出すことができているため、「高位の」タイプの人々ではありますが、彼らの価値評価は依然として古い理想と結びついたままなので、まだ自分自身を「超克」できてはいないのです。

この後も様々なことが起こりますが、そこには、嘲笑的な雰囲気と軽快さが漂い、喜びがあふれています。ツァラトゥストラの客人たちは踊るよう勧められたり、永遠回帰を祝福して肯定する酔歌《すいか》が歌われたりするのです。ツァラトゥストラは「驢馬《ろば》祭り」まで取り仕切ります。これは中世の異教徒の祝祭がキリスト教に転用されたもので、この祭りでは人間の愚かな性質が称えられています。こういったふざけた調子や第四部全体に漂う不真面目さからは、それまでの三つの部とは異質な印象を受けますし、違和感を覚えたとしてもおかしくありません。解説者の中には、第四部というのはニーチェが自分の哲学におけるディオニュソス的なもの、つまり生の放らつとした祝賀的な面を表現しようとした箇所なのではないか、と考える人もいます。これは至極もっともな解説と言えるでしょう。ただ、少なくとも私自身の趣味からすると、あれもこれも全部どこか嘘っぽく、スベってしまっている感じがします。幸いなことに、その後のニーチェの著作はもっと真剣な調子で書かれています。

第5章 真理・自己・自己に関する真理

——『善悪の彼岸』

第三章で、『愉しい学問』の第五書は、『ツァラトゥストラはこう語った』の後に出版された『善悪の彼岸』と『道徳の系譜学』という二つの作品と最も親和性が高いと述べました。あたりまえすぎておもしろみに欠ける指摘にはなりますが、この点は、第五書が『善悪の彼岸』の翌年、つまり『道徳の系譜学』と同じ年に出版されたという面から正当な理解だと言えます。しかし、これよりも重要なのは、その肝心な部分には『善悪』と『系譜学』によくマッチしているところがあるという点です。第五書は「神の死」の再宣言で幕を開けるのですが、そこには希望と楽天の雰囲気が漂っています。その次の節（この箇所は『系譜学』を論じる文脈で改めて扱います）では、『系譜学』第三論文における重要テーマが考察されています。そのテーマというのは、真理に付与された高い価値とキリスト教道徳との関係です。これに続く節では、道徳が一つの問題として取り上げられており、道徳の価値を再検討するためには道徳の歴史研究が必要であるといった主張が提起されています。これはまさしく『系譜学』で披露されているものにほかなりません。『学問』第五書で扱われているテーマについては、こんなふうにしてまだまだ挙げることができるのですが、第五書には『善悪』や『系譜学』に見受けられない独自の部分など微塵もない、とみなさんに思ってもらいたいわけではありません。第五書には、独特なところもたくさんあるのです。とは言ったものの、この章と次の章では、『学問』の文章をときおり参照することにしたいと思います。

『善悪の彼岸』

ニーチェのほかの多くの著作と同様、『善悪』では多くのテーマが触れられています。第八章の「民族と祖国」では、国民性に関する様々な考え方が鋭い視点で、しかしたびたびおもしろおかしく考察されており、特にイギリス人に関してはニーチェは相当愉快な言い方もしています。第四章の「箴言《しんげん》と幕間劇《アントラクト》」は、ニーチェの「アフォリズム的な表現」がいかんなく披露されている箇所です（そのため、フランス語の「アントラクト」、つまり「幕間の演目」という語も納得いくものです）。

この章ではニーチェの私見がたくさん、それもしばしばたった一文という形で述べられています。残念なことに、中には、女性に対する悪意に満ちた言葉も見受けられます。この憎悪の念は、ルー・ザロメに対する幻滅から誕生したと言えます（たとえば、「愛または憎しみと共演していない場合、女は凡庸な役者である」〔『善悪』一一五〕）。ほかには、哲学的なテーゼを表現したものもあります。『善悪』一一七では、「ある情動を克服しようとする意志は、結局のところ、ほかの一つないし複数の情動の意志でしかない」と述べられています。また、実用的な知恵を表しているようなものもあります。「肉欲のせいで愛が性急に成長してしまうこともよくあるが、その場合、根っこは弱々しいままで、簡単に引き抜かれてしまう」（『善悪』一二〇）。第六章の「私たち学者」では、哲学について、そして過去と現在の哲学者、さらには価値を創造する能力を持った将来の哲学者について論じられています。

『善悪』ではほかにもまだまだ多くのことが扱われていますが、紙幅の都合上、ここではそれらを考察することはもちろん、言及することもできません。先に述べたように、『善悪』というのはほぼすべてのことに触れている本なのです。しかし、『善悪の彼岸』というタイトルにはどのような意味が込められているのでしょうか？　ニーチェの著作にはよくありがちなことですが、序文や冒頭の部分を読んでみても、いやそれどころか『この人を見よ』において展開されている『善悪』に関する説明を読んでみても、その意味するところは直ちにはっきりとわかるようになるわけではありません。「善悪の彼岸」へと越え行くということが一体何を意味しているのか、その答えは、実にこの作品の最終章である第九章「高貴とは何か」になって初めて与えられるのです。さて、ニーチェは『善悪』の中で自らを「不道徳者」と言い表しています。だったら、「善悪の彼岸」へと越え行くというのは、道徳を捨て去って、世界から価値を喪失させることなのではないか、と安易に思ってしまう向きもあるでしょう。しかし、「善悪の彼岸」へと越え行くことと「不道徳主義」とをそのような仕方で解釈するのは、完全な誤りと言えるでしょう。なぜ間違っているかというと、この解釈には、道徳というのは単一のものである（あるいはただ一つの道徳しか存在しない）のであって、それに対しては受け入れるか捨て去るかの二者択一の選択しかとれないという前提が置かれているからです。『善悪』のちょうど真ん中に位置する第五章「道徳の博物学について」の重要なモチーフは、私たち、つまり哲学者や一般の人々は、たくさんのタイプの道徳が存在するという事実、そして現在支配的になっている道徳は、それこそが唯一とりうる選択肢であるかのような様相を呈しているとしても、実のところ多くある道徳の中の一つにすぎないという事実にまるで気づいていないということです。『善悪』二〇二でニーチェが述べているように、近代的道徳は「『我こそが道徳そのものであり、我のほかに道徳はない！』と頑固かつ容赦なく宣言している」のです。『系譜学』になると、ニーチェは、現行の道徳が別の道徳とは異質のものであり、しかもまさしくその別の道徳から発生したものであるということを示そうと試みるようになります。現行の道徳は善と悪（〔独：böse／英：evil〕）という対比に基づいており、それは、優良と劣悪（〔独：schlecht／英：bad〕）という対比に基づく、それ以前の道徳とは異なっているというわけです。「善悪の彼岸」へと越え行くというのは、私たちが現在住まう道徳を越え行くということを意味しているのです。

善／悪の道徳と優良（「よい」）／劣悪（「わるい」）の道徳は『善悪』二六〇で議論されており、これが、のちに『系譜学』で展開される議論の土台となります。善／悪の道徳と優良／劣悪の道徳との区別は、ニーチェが設けているもう一つ別の重要な区別、すなわち「主人」道徳と「奴隷」道徳との区別と密接に関連しています。非常に大ざっぱに言えば、ニーチェは、優良と劣悪という対比によって特色づけられる道徳は存在しえたし、いまでも存在しうると論じたのです。何がよいのか、それは恵まれているかどうかで決まります。「よい」人というのは、高貴な生まれで、自信にあふれ、独立心を持ち、力や強さに満ちていて、対等な者同士の間でのみ成立する名誉の関係に沿って生活している人を指すというわけです。行為の場合、それは二次的な形で「よい」と呼ばれるにすぎません。つまり「よい」行為というのは、シンプルに、高貴な（すなわち「よい」）人によって行われるものだとされるのです。主人道徳にのっとって生活している人は、統一的な目的を持っており、他者に対しては比較的無関心であるという点で、前章で言及した超人に似ています。彼らは自分自身の目標を定め、それをひたむきに追求しているため、自分の様々な衝動に一つの統一的な方向性を与えていることになるというわけです。対照的に、「わるい」という言葉は、それほど恵まれていない一般大衆に当てはめられます。ドイツ語の「schlecht」という言葉は、ここでは、下等で、生まれが卑しいといった意味を持っています。

そういった人たちの中には、病気の人・臆病な人・貧しい人・醜い人・征服された人・所有物を奪われた人が含まれます。彼らは自分の欲しいものを獲得できない人間で、身体的な面のみならず精神的な面でも弱く、臆病で、自己不信に陥っており、他者からの慰めを必要としているのです。地位の高いエリートというのは優れたタイプの人のことを指しており、他方で地位の低い者というのは、力や健康など、この世で当然よいとされるものを一切手に入れることができないタイプの人のことを指しているのです。ニーチェに言わせれば、これこそが古代ギリシア人やローマ人の世界における「価値の位階序列」でした。しかし、この道徳は、善と悪という対比によって特色づけられる道徳に取って代わられました。弱さや貧しさなど、それまでわるいと考えられていたものが、いつのまにか道徳的に称賛されるべきものと解釈されるようになったのです。ここで重要なのは、道徳的に善い人は本質的に無私無欲な人、つまり他者のために自らを惜しみなく犠牲にし、自分の方が他者よりも優れているとか価値があるなどとは思わない人なのであって、それゆえ、自分以外の人間に無関心なまま目標を追求する高貴な人とは正反対であるという考え方です。そのうえ、自由意志というフィクション、すなわち人は自分の行ったのとは別の行為をすることもできたという考え方までも導入されています。「主人たち」は恐ろしい行いをするものなのですが、それが恐ろしいのはその行為の内容だけでなく、彼らが別の行為を選択することもできたからなのです。「善悪の彼岸へと越え行く」というのは、ほかならぬこの道徳を乗り越えることなのであって、優良と劣悪という対比を乗り越えることなのではありません。本質的に人間は価値評価をする生き物であり、いかなる価値観も全く持たずに生きていくことはできないのです。

このことについては、この二つの道徳の対比が最も明確に表現されている作品である『系譜学』を扱う次章でまた触れたいと思います。さて、ここではその代わりに、『善悪』の一番最初の部分に目を向けてみましょう。序文は奇妙な書き出しで始まります。すなわち、「真理が女であると仮定すれば――、どうなるだろうか?」と。第一章の第一節では、真理にまつわる問いが二つ提起されています。まず、真理はなぜ、私たちが現にしているような仕方で追求されているのか? そして、この意志にはどんな価値があるのか? ニーチェの言葉を引用しましょう。「私たちは真理を欲しているのだとしよう。だが、なぜむしろ非真理を欲さないのだろうか?」。第一章「哲学者たちの先入観について」の議論はこうした問いかけから始まり、二十三個のセクションで様々な哲学的立場が批判されていきます。この箇所は、ニーチェの全テクストの中で最も密度が高く、最も煩雑な文章になっています。第二章は「自由精神」という題になっていますが、第一章のトピックの多くは第二章でも再び扱われているため、第一章と第二章の区分はやや強引に形だけのものとして付けられたのではないかという印象を受けます。ここで奥底に潜む複雑な問題を網羅的にお伝えするというのは無理な話なので、以下では重要なテーマをかいつまんでご紹介することにしたいと思います。

ニーチェは、ほとんどの哲学は真理にアプローチする方法を知らない、と主張しています。真理は女性であるとされているのですから、これは、哲学のアプローチは独断的であるという主張として理解されるべきです。哲学における探究は、世界はこうでなければならないというある種の頑固な先入観から始まり、そのあらかじめ立てられた仮定を疑うことはありません。哲学の進歩は「不器用」なものであり、〔真理という女性からは〕「相手にされないできた」のだ、ニーチェはそう断定するのです。そうした仮定は、哲学者たちが自らに思い込ませているように、世界の本性を捉えた不変の見識などではなく、実のところ「文法の誘惑、あるいは非常に局地的で、非常に個人的で、非常に人間的、あまりに人間的な事実の無鉄砲な普遍化」〔『善悪』序〕に由来するのだとされます。それどころか、ニーチェの考えによると、哲学体系は、私心のない真理の追求の結果として生まれるのではなく、哲学者が持つ特定の衝動が表現されたものにすぎません。「これまでのあらゆる偉大な哲学は、その著者の自己告白であり、思わず知らずの内に記された一種の回顧録《メモワール》である」〔『善悪』六〕。ニーチェが示唆するところによれば、偉大な哲学体系――プラトンやカントのものが非常に有名な例ですが――は、その個人を構成する様々な衝動や興味関心、特にその個人が抱く道徳観を形作っている一連の衝動が表現されたものでしかないというわけです。彼らの哲学体系は、世界の本当のあり方を客観的に記述していると標榜していますが、実際には、世界をその考案者の道徳的傾向に最も好都合な仕方で捉えているにすぎません。たとえば、究極的な責任は個人の自発的で自由な選択に基づくとする道徳の存在を信じるカント、そんな彼の形而上学は、この道徳的信念を反映したものなのです。つまり、私たちの意志が自由でどんな制約も受けずに済んでいる場としての第二の世界が存在するとされているわけです。

しかし、ニーチェの哲学もそれと同じなのではないのでしょうか？　どうしてニーチェの哲学の場合は、単に「その哲学者の本性の最内奥にある衝動間に付けられている位階序列」（『善悪』六）を反映したものであるわけではないなどということになるのでしょうか？　ニーチェの哲学だって、彼自身の衝動を表現しているにすぎないのではないでしょうか？　この危険性についてはニーチェ自身しっかりと認識しており、『善悪』第一章の最後の一文で、自分の哲学とほかの哲学との違いを指摘することで、その危険性を回避しようとしています。すなわちニーチェ曰く、「いまや再び、心理学こそが根本的な問題に至るための道となる」（『善悪』二三）。ニーチェは、形而上学的な体系を構築することではなく、哲学体系の構築者を含む人間の信念や行動を理解することで哲学に取り組もうとしていました。これは、第二章で私がニーチェの「自然主義的」哲学と呼んだものの一端です。ニーチェのアプローチは、当時の科学の知見に基づく経験的観察に依拠して、人間本性についての理論を作り上げるというものだったのです。これこそまさしく、「人間を自然へと翻訳し戻す」（『善悪』二三〇）というニーチェのプロジェクトの骨子なのです。自然や、自然の中での人間の地位に関する形而上学的な見方のすげ替えが必要とされているのです。私たちは、「これまで自然的人間《ホモ・ナトゥーラ》という永遠の根本テクストの上に書きなぐられ、塗りつけられてきた多くのうぬぼれた熱狂的な解釈や副次的な意味を克服する」（『善悪』二三〇）必要があるのです。人間は、人間がどのような種類のものであるかということについて誤った考え方をしています。そうした誤った考え方は哲学とキリスト教によって考案され、絶えることなく続いてきたのです。

真理とパースペクティヴ

先に述べたように、ニーチェは『善悪』の序文冒頭で真理にまつわる問いを投げかけているのですが、この序文では「パースペクティヴィズム」と呼ばれるものについても触れられています。この用語はニーチェと緊密に結びつけられてきたので、この場で議論するのが適当でしょう。ニーチェは「パースペクティヴ〔視点や観点という意味〕」について論じているとき、真理などというものは存在しないと提唱していたのだ、と考える人もいますが、これは完全に誤った理解です。たしかにこの考えには、テクスト上の裏づけがあることにはあります。本書の序文で述べたように、ニーチェは初期の非公刊論文の中で、真理とは「隠喩・換喩〔……〕の動的な一群で、〔……〕錯覚であることが忘れられてしまった錯覚なのである」〔『哲学者の書』三五四頁〕と言っています。初期段階のニーチェは、私たちの信念は「偽り」であると考えていました。つまり、私たちの信念は何らかの形で歪められているため、偽であるというわけです。けれども、最終的に彼はこの主張を放棄することになります。それはなぜなのか、その理由を説明しましょう。ニーチェは、認識〔何かを知るということ〕は「ある一つの観点」からなされると主張しました。何かを認識しているということは、それが真であるということと同じではありません。たしかに、何かを私たちが認識しているならばそれは真であることになりますが、私たちが認識していない真実もたくさんありうるからです。たとえば、世界にある草の葉の数が奇数なのか偶数なのかは誰も知りませんが、事実としてどちらかが真なのです。しかし、あらゆる認識はある観点からなされるという主張は、一体何を意味しているのでしょうか？

まずは、視覚的観点についての考察からスタートしましょう。私たちがあるものを見るとき、それはある特定の視点から見られています。したがって、私たちが何かを見るときには、いつだってそれを部分的にしか見ることができません。たとえば、私はいまノートパソコンの前に座っていますが、見えるのはその一部だけです。座る位置を変えれば、別の観点をとれるようになり、パソコンの別の部分を見られるようになります。そこからさらに移動に移動を重ねれば、最終的にはその全体を見渡したことになります。これはわかりやすい話のように思えますが、ニーチェの考えによれば、どんなものやどんなことであっても、それはある観点から見られたり認識されたりするのだとされます。なぜそうなるのでしょうか？　これは少し複雑なのですが、以下にそのあらましを描きますので、それで多少なりともクリアにすることができればと思います。あることを認識しているというのは、世界がこれこれこうであると正しく写し表しているということです。*　地図を題材に考えてみましょう。地図というのは、ある特定の地域を図に表したものです。

＊厳密にはもっと細かい話が必要なのですが、ここではこの論点については深入りしないことにします。

しかし、私たちはその地図に何を記載するのでしょうか？　まあ、それは、その人が関心を持っていることや必要としていることによるでしょう。キャンプに関心を持っている人が使う地図であれば、それは平坦な場所や歩ける道、水場などを描いたものになります。そのほかの、たとえばギターショップの位置などといったハイキングに大きく関係するわけではないものは省かれます。建築に関心を持っている人が用いる地図の場合、そこにはランドマークとなる名建築のことが記され、ハイキングに必要なものは省かれるでしょう。このように、地図は正確な図表でありうるのと同時に、部分だけを描いたもの、選択を経たものでもありうるのです。それは、ある種の関心事の観点から何かを写し表した「表象」なのです。ありとあらゆる関心事を盛り込めば完全な地図が出来上がるでしょうが、そんな表象は不可能です。

もちろん地図は人間によって発明されたものです。しかし、すべての生物は表象を扱うものなのです。たとえば、カエルは自分が身を置く環境の中にいるハエを知覚表象することができ、だからこそハエを捕まえることができるのです。とはいえ、カエルが働かせているひとまとまりの知覚表象、つまりカエルの地図は、自らの環境に適合しているだけの非常に限定的・部分的なものになっています。水晶と花崗岩の違いは、カエルにとっては何の重要性もないため、カエルの観点からは知覚表象されません。その代わりに、多少単純化した言い方になりますが、カエルは世界を「ハエ」と「ハエでないもの」に切り分けているのです。さて、人間も自然生物です（言うまでもなくこの点はニーチェの自然主義の基盤でもあります）。したがって、私たち人間の知覚表象は私たちの環境に適合したものになっています。たとえば、私たちが果物という概念を形成する理由の一端は、そうすることが私たちの生存に決定的に役立つからという点にあるのです。けれども、この概念はカエルが形成するような概念ではありません。私たちが「世界を切り分ける」仕方、つまり経験や知覚表象を組織立てる仕方は、どれをとっても、私たちのニーズや関心の観点からのものなのです。

『愉しい学問』ではこのような考えが明確な形で示されており、それとともに、私たちの抱く信念、つまり世界はこれこれこうであるという私たちの表象は「物事を歪める」ものであるという主張がなされています。ニーチェはなぜそう考えたのでしょうか？　まず、世界を「果物」や「ハエ」といったカテゴリーに切り分けたとしても、世界の「本当のあり方」が示されていることにはならないだろうと思う人もいるかもしれません。それは科学によって明らかにされるか、あるいは経験では明らかにできずに隠されたままか、どちらかだろう、と。とにかく、それぞれの環境に適合して生きている生物が経験を組織立てる仕方に、世界の「本当のあり方」が反映されているとはとうてい考えられません。もし世界が「本当は」原子の集まりであるのならば、生存し続けるために木や果物に関する信念が役立つという意味で、そのような区別を使って考えることが私たちに有用なのだとしても、「本当は」木も果物も存在しないのだから、そうした信念は「歪められたもの」であるということになります。私たちは経験をそのような仕方で組織立てているというだけなのです。ニーチェが『学問』一一二で述べているように、「生は論拠にならない」のです。ニーチェによれば、進化の産物であり、それゆえに歪曲を行う可能性があるのは、果物や木に関する信念だけではありません。ニーチェは、私たちが抱く信念の大部分と関わる非常に根本的な概念についてすらも事態は同じだと考えていました。

知性が膨大な時間を費やして生み出したのは、誤謬以外の何ものでもなかった。そうした誤謬の中には、有益で種の保存につながるものもあった。〔……〕こうした誤った信仰箇条は連綿と受け継がれ、ついには、ほとんど人間という種の基本的要素にまでになった。それはたとえば次のようなものである。すなわち、永続的な事物なるものが存在する、同一の事物なるものが存在する、事物・物質・物体なるものが存在する、事物は現れている通りのものである。（『学問』一一〇）

注目していただきたいのは、この主張が科学にまで入り込んでいるという点です。先ほど、存在するのは原子だけだと私たちは考えてしまうかもしれないと述べましたが、ニーチェはこの主張には懐疑的で、「事物」という概念すらも人間によって作り上げられたものにすぎないと考えていました。私たちの知覚表象はどれも、世界と一致していない可能性が高いということになります。世界は全くもって認識不可能であり、私たちが思考したり言葉にしたりする一切のものは「偽り」だというわけです。

しかしながら、ニーチェの後期著作には、私たち人間の信念は世界を歪曲しているという主張は見受けられません。彼はストレートに、物事の真偽について語っているのです。このような変化が生まれたのはなぜか、その最も妥当性が高い理由は次のように考えられます。私たちの信念のほとんどは偽であると考えていたときのニーチェは、進化の過程で獲得された信念は世界を歪めるものであるとも考えていましたが、これは、こうした信念が、その世界の、いかなる観点にも依存しない唯一の真なる表象と暗に対比させられていたからなのです。しかし彼は、一切どの観点にも依存しない世界の表象（アメリカの哲学者トマス・ネーゲルの表現を借りれば「どこでもないところからの眺め」）という考えはどうしたって無理があると悟ったのです。あらゆる表象はある視点からなされます。したがって、どこでもないところからの眺めなどというのは存在しようがないため、どこでもないところから眺められれば露わになるとされる「真の世界」は神話だということになるのです。では、私たちが普段抱いている信念についてはどうなるのでしょうか？　まあ、それらは間違っているのだとする理由はありません。木や果物が存在しているというのは、まぎれもない事実なのです。たしかに、リンゴがあると思っていたのに、本当はそれはロウでできたレプリカだったというケースのように、私たちはごく普通の意味で間違った考えを持つこともあります。けれども、本当は果物などというものは存在しない、いやそれどころか本当は「事物」などというものは存在しない、といった主張は意味を成さないのです。日常的な観点からは果物や木を含む世界が見え、他方で、別の観点、たとえば物理学の観点からは、原子を含む世界が見えます。これら二つの世界は対立しているわけではありません。むしろどちらの観点も全く同じ世界に関する真実を明らかにしているのです。ニーチェは『偶像の黄昏』の「いかにして『真の世界』はついに寓話となったか」という節で、「ある誤謬の歴史」、つまり「真の世界」にまつわる一連の考え方を順々に述べていきます。始めの方の見解では、「真の世界」(世界の本当のあり方)と、単なる「仮象」の世界との間の断絶が描かれています。このような対比構造を体現した哲学こそ、『愉しい学問』に見られる考え方、すなわち私たちは実在を歪曲しているという考え方です。「真の世界」は存在しているけれども、私たちの信念や思考は観点依存的なものであるがゆえに偽であり、したがって私たちが生きている世界というのはその仮の姿にすぎないというわけです。しかし、「真の世界」を明らかにする、どこでもないところからの眺めなるものが存在するという考えが放棄された場合、私たちの経験する世界は単なる仮象にすぎないという考えも廃棄されることになります。それゆえ、ニーチェはこう言うのです。私たちが「真の世界を廃棄してしまった[ならば]、どのような世界が残るだろうか？　おそらくは仮象の世界か？……いや、そうではない！　私たちは真の世界と共に仮象の世界をも廃棄してしまったのだ！」。

それでも、認識が観点に依存するものであるということには変わりありません。ニーチェは、「客観的」ということもまた観点依存的だと考えたのです。このような考え方、あるいはパースペクティヴィズム一般について論じたニーチェの文章として最もよく考察対象とされるのは、実は『善悪』ではなく、『道徳の系譜学』のある一節なのですが、このトピックを扱う以上、ここでその箇所を議論するのが適切でしょう。『系譜学』Ⅲ 一二でニーチェは、「純粋で、意志を欠き、苦痛のない、時間を超えた認識主観」、「純粋理性」という神話に用心するよう警告を促しています。ここで暗示されているのはショーペンハウアーです。ショーペンハウアーは、私たちは私たちの欲求や情動をすべて取り払って事物の本当のあり方をただ映し出すだけの受動的な鏡のようなものになれば、神羅万象を客観的な見地から把握することができると考えていました。対照的に、「主観的」であるということは、部分的には私たちの情動や利害関心、欲求によって決定されるものです。なぜなら、これらに依拠してしまうと、せいぜい世界の一端に関する理解しか生まれず、最悪の場合、世界についての私たちの理解が歪められてしまう可能性まであるからです。たとえば、私はある特定の都市を深く愛しているせいで、その都市の欠点を見落としたり短所を軽視したり、挙句の果てにはほかの都市の美点を適切に評価することができなくなってしまうかもしれません。したがって、利害関心や情動、情熱などに由来する歪みを避けるためには、それらが完全に排除された見地を目指すべきだということになります。世界のあるがままの姿が私たちの「純粋理性」に焼き付けられるだけとなるよう、私たちは受動的になるべきだというわけです。しかしながら、ニーチェは、この考え方は「神話」であるとし、私たちの利害関心や情動を割り引いて考えるのではなく、それらの数を増やすことによって客観性にアプローチしようと提唱しました。ニーチェ曰く、「私たちがある事物に関することをより多くの情動に語らせれば語らせるほど、また同じ一つの事物に対してより多くの眼、様々な眼を向ければ向けるほど、私たちが持つその事物の『概念』［……］はより完全になっていく」。一体どうしてでしょうか？

先に述べた「観点」と「認識すること」の話を思い出してください。私たちによる世界の表象は、必ず私たちの観点・興味・関心に由来を持ちます。したがって、ニーチェが『系譜学』Ⅲ一二で述べているように、「存在するのは、一つの観点から見ること、一つの観点から『認識すること』だけである」ことになります。さて、前に出した地図の喩えの話も思い出してください。一群の関心、たとえばキャンプにまつわる一群の関心を持っていた場合、その関心に関連した目立った特徴を持った地図が作り出されます。しかし、それは選択を経たものであり、別の観点から見た場合に限って目立つようになるものを除外してしまっています。再び都市の例を挙げると、私がある都市をこよなく愛している場合、その都市の良い点ばかりが真っ先に頭に浮かび、その欠点は目に入らなくなってしまうかもしれません。問題になっている事柄についてより豊かで情報量に富んだ理解を得るためには、つまりそれに関するより客観的な考え方を得るためには、ほかの特徴をより目立つようにしてくれるような別の関心を新たに導入する必要があるのです。それゆえ、たとえば、ほかの都市の出身者からその出身の都市への愛を語ってもらって、各々の観点を比較すれば、それぞれの都市に関するより完全なイメージを獲得することができるようになるわけです。もちろん、そのために私たちは、ときには自分の観点が歪んでいることがある、と認識する必要があります。しかし、だからといって、利害関心や愛、欲求を捨てさえすれば客観性が得られると主張されることになるわけではありません。より完全なイメージは、多くの観点を比較することによってのみ生じるのであって、どこでもないところという架空の場所から眺めることによって生じるのではないのです。〔以上二段落の引用はすべて『系譜学』Ⅲ 一二。〕

『善悪』のアイデアをさらに詳しく

『善悪』で論じられ、その序文ではプラトンに起因するとされる重要な形而上学的信念に、「純粋精神」という概念があります。これは、『善悪』一二では「魂の原子論」と呼ばれています。これまでにもそこかしこで述べてきたように、ニーチェは、自己という単一のものがあるわけではなく、私たちは衝動の集まりなのだと考えていました。彼は、「魂の仮説」は「衝動と情動でできた社会構造としての魂」という考えに置き換えられるべきだと提唱したのです（『善悪』一二）。また、本書ですでに取り上げた自由意志についての懐疑主義も引き続き保持されています。いや、それだけではありません。『善悪』では、私たちは自らの行為に対する責任があるという考え方にも批判が加えられているのです。これは重要なので、ここで一旦立ち止まって考察することにしましょう。

たとえば、私が何をするかは、私がどんな人間であるかによって決まるとしましょう。私はある特定の文化の中で育ったので、私がどんな決断をするかはその事実によって決まることになります。たとえば、私は勉学と静寂に重きを置く人間ですが、私に関するこの事実は私の育ちによって形成されたものなのです。ニーチェ流の言い方で言うと、私は「勉強したい」、「静かにしていたい」という衝動を持った人間であり、これらの衝動は私が継承したもので、また私の周りの環境によって規定されてきたものなのです。さて、私が自分の衝動の内の一つを表現する何かをしたというケースを想定しましょう。つまり、いま私は座ってこの章を書いているというケースです。私はこの行為に責任があるでしょうか？「責任はない」と思う人もいるでしょう。なぜなら、たしかにこの行為は私の衝動の一つを表現していますが、私はその衝動を持つことを選択したわけではないからです。その衝動はとにかく私が「持っている」ものにほかならず、それ以上でもそれ以下でもありません。そして私がその衝動を持っているのは、私がそれを欲したからではなく、その衝動は私の目の色や身長と同じで、私の構成要素であるからなのです。しかし、さらによく考えてみましょう。私が持つよう選択したわけではない衝動に起因する行為に対して、私が責任を負うなどということはありえません。次のような想定をしてみましょう。昨晩、誰かが私の脳をいじって、私に新たな衝動、たとえば「人をくすぐりたい」という衝動を与えたとします。それから私は誰かれ構わずくすぐって回ります。そして当然のことながら、みんな私の邪魔くさい行動に文句を言います。しかしながら、この衝動は前夜、私に植えつけられたものであることがみんなの知るところになったとしましょう。間違いなく、みんな、私は私がしたことに責任がないと考えるはずです。かわいそうなことに、ケイルは自分では望まない衝動を頭に植えつけられてしまったのですから！　ケイルはこの衝動が植えつけられることに同意していなかったので、私たちは彼を本当に責めるというわけにはいかないのです。けれども、もしそうなのだとしたら、植えつけられた衝動とシンプルに生まれ持った衝動とにはどんな違いがあるのか、と疑問に思わないでしょうか？　私が自分のしたことに対して真の意味で責任を負うのは、自分を構成する衝動を自分で選択した場合に限られるように思われます。それはつまり、自分自身を創造すること、自分が自分の原因となること、すなわちラテン語の表現で言うところの自己原因《カウサ・スイ》(causa sui) にほかなりません。『善悪』二一では、この概念はこれまで哲学がひねり出したものの中で「最高の自己矛盾」であり、「論理の一種の強姦・倒錯」であると主張されています。意志の自由への憧れ――ここでニーチェは確実に責任のことも念頭に置いています――は、「自分の髪を引っつかんで自らを何もない無の泥沼から救い上げようとする」という実現不可能な願望を、知らず知らずの内に伴っているというわけです。

　責任の条件と、自分で自分自身を生じさせることの不可能性とに関するニーチェのこうした批判は、私には重大なものに思えますし、それだけでなく、『愉しい学問』を扱った章で触れた問題につながるものでもあります。そこでのニーチェの主張は、どうにかして自分の性格に「様式《スタイル》を与えること」こそが「必要なこと」だというもので、この考えは「自己創造」という括りで語られることもあります。ここで言われていたのは無から自分を出現させるということとは違いますし、『愉しい学問』におけるニーチェもそんなことを示唆したのではありませんが、次のような意味での関連はあります。「自己創造」にまつわる懸念というのは、「様式《スタイル》のある」自己になるために私たちが自らの衝動を変えるべく何かをするということをこの表現そのものは示唆しているのだけれども、もし私たちが衝動の集まりでしかないのならば、私たちはただの「運命の断片」なのではないか、というものでした。本当のところ、私たちが何かを「する」ということは一切ないのではないかと思えるのです。これは、すでに述べた通り、意志の自由ともつながります。もし私たちが衝動の集まりにすぎず、「行為者」という中心など持たないのだとすれば、私たちは自由に行為できると考えることはナンセンスなのです。

これらは複雑な問題です。ニーチェ研究者の間でも、どうすればこれらの問題を最もうまく解決できるかは激しく意見が分かれています（そもそもそれらが解決可能かはさておき）。以下では、様々な研究者の考えに依拠しながら、これら二つの糸をうまく結びつけるやり方を示していきたいと思います。さて、自己は衝動の集まりであるということを思い出してください。『善悪』においで着目すべきなのは、衝動の集まりは単に衝動が山のように集まったものだとはされていないという点です。衝動同士はある種の関係にあるということ、特に「命令」・「服従」の関係にあるということが重要なのです。ニーチェにとって、この命令・服従の関係は、「意志の自由」の問題にもつながっています。ニーチェ曰く、「『意志の自由』と呼ばれているものは優越の情動である」（『善悪』一九）。つまり、衝動が「欲する」ところを何かが追従したという感覚だというのです。

意志する者は命令者としての自分に快感を覚え、そこに、課題をうまくこなす上出来な道具、さらには有用な「下位の意志」あるいは「下位の魂」からくる快感を加える――つまるところ、私たち人間の肉体というのは多数の魂から成る一つの社会的構造体にすぎないのである。（『善悪』一九）

ここでニーチェが語っているのは衝動間の関係についてです。ですから、この箇所での「命令」や「魂」についての話は、ホムンクルスの誤謬を犯しているとは言えません。衝動が「命令」するというのは、それが物事を引き起こし、抵抗を克服するとき、つまり、ほかの因果的な力がそれに「服従する」とき、すなわち「命令」してくる衝動と同じ「目標」に向かわされるようになるときのことを指します。たとえば、私は「食べたい」という衝動を持っており、その衝動が私の身体の様々な部分（これらも衝動です）に命令し、私の身体が食べ物を咀嚼して摂取するようにさせるわけです。「自由意志」に関して言うと、『善悪』一九では、「自由」であるというのは、衝動の集まりがそのような命令に成功したときに快楽を感じる場合のことを指すと主張されているように思われます。人が「不自由」であるのは、おそらく、命令する衝動がほかの衝動を服従させられず、欲求不満の感情が生じたときでしょう。したがって、人が「自由意志」を行使したと言えるのは、命令が成功して快楽を感じたときであり、人が「不自由」であるのは、命令が失敗に終わって欲求不満になったときだということになります。

しかし、これは非常に特殊な意味での自由意志だと思われないでしょうか？　あまりにも特殊すぎるため、こんなのは全く自由意志ではないと思う方がいたとしてもおかしくありませんし、結局のところ、ニーチェはところどころで自由意志に反対する議論を展開している以上、彼は自由意志という言葉を何らかの修辞的な仕方で使用していたのだと考えるべきだと思われることでしょう。こういった反応をしてしまうのも無理はありません。しかしながら、『善悪』には、これと関連したまた別の話も見られます。一見すると、自由意志は存在しないかのように見えます。つまりニーチェの言葉で言うところの「意志の不自由」（『善悪』二一）という立場が正しいようにも見えます。けれども、興味深いことに、彼はこの概念も同様に「神話」であると考えていました。すなわち、自由意志を排除した哲学者は「自らの『啓蒙』をさらに一歩進めて、あの『自由意志』なる概念もどきの反転型もまた頭から消し去ってしまう［べきだ］。つまり、『不自由意志』を」（『善悪』二一）。哲学者たちは自由意志や不自由意志について議論を交わすものですが、「現実の生において問題なのは、強い意志と弱い意志ということだけである」（『善悪』二一）のです。自由意志というのは「哲学者による発明品」（『系譜学』Ⅱ七）であり、これは、強いか弱いかという意味での自由・不自由という言葉に置き換えられてしまうべきだとされます。

では一体全体なぜ、私たちは「強い」意志のことを「自由意志」であると考えたくなるのでしょうか？「弱い」人たちは、自分が克服できないようなあらゆる種類の重荷・圧力・抵抗にさらされていると思っている、というのは納得のいく話でしょう。彼らは世界や自分自身を変えるのではありません。彼らとは別の力が彼らを変えるのです。たとえば、鬱病は彼らを衰弱させます。相対立する課題に彼らが直面したとき、様々な力が働いて彼らを虚弱にしてしまうのです。彼らは、自分の力ではどうしようもできないものに翻弄されていると感じるわけです。その意味で、彼らは「不自由」だと感じるのです。強い意志、つまりニーチェが言う「抵抗を克服する」という意味で「命令する」意志は「自由」です。なぜなら、そうした抵抗は克服され、強い意志の持ち主は外部の力の食い物にされているとは感じないからです。

よってここで提唱されているのは、私たちは「自由」・「不自由」に関するこれまでの哲学的解釈を捨てて、自由意志を強い意志、不自由意志を弱い意志と考えるべきだということです。では、仮にこれを認めたとしましょう（ただ、この考え方に問題がないとまで言うつもりはありませんが）。そうすると、先ほど再導入した「自己創造」の問題はどうなるのでしょうか？「自己創造」について考えるにあたっては、まず、問題が起きるそもそもの原因となる、何か創造ということを「する」自己が存在するのだという筋をとってはいけません（ただ、もう一度強調しておきたいのですが、ここは大きく見方が分かれる点ではあります）。一つ一つの衝動に、それを選択したり制御したりする何か単一の（目標のような）ものがあったということを思い出してください。本筋の論点は、むしろ、ここで何か「自己」なるものが創造されているのかどうかなのです。自己が創造ということをしているのではなく、一定の条件が揃ったときにたまたま自己が出現するというわけです。でもこれはどういうことなのでしょうか？　これまで繰り返し指摘してきましたが、ニーチェに言わせれば、「自己」とは、ある意味で衝動の集まりにすぎません。加えて、本書ではさらに二つの点を指摘しました。一つ目は、「現にあるところのものになる」という一見したところパラドキシカルに思える問題です。これは『反時代的考察』に端を発し、『この人を見よ』の副題「いかにして人は現にあるところのものになるのか」としても用いられています。二つ目は、ニーチェにおいてよく見られる「統一性」という点です。「単一」の趣味嗜好は人が自分の性格に様式《スタイル》を与える際に重要となりますが、他方でツァラトゥストラは彼の人間観のあらましを話す中で、「私は人間たちの間を歩いて通るとき、人間のばらばらになった四肢や断片の間を通っているような気がする」（『ツァラ』第二部「救済について」）とも言っています。したがってこのことから、自己が創造されるときには、種々の衝動に対して統一性が与えられている、という示唆が得られます。ここにおいて「自己」は、一つの支配的な衝動がそのほかの衝動に対して命令を下すことで達成される、衝動の統一として理解されるのです。しかしながら、現状、そのような人間はほとんどいません。

『善悪』二〇〇では次のように言われています。

人間は様々な由来を持つ遺産を体内に宿しているものである。すなわち、互いに戦い合ってめったに和解することのない、相互に対立した（しかもたいていは単なる対立では済まないような）衝動や価値基準を体内に宿しているものだ。［……］このような人間たちは、概して弱い人間だろう。

同様の考えは『善悪』二〇八にも見られます。相対立している価値観が継承されているというのは、「肉体と魂はどちらもバランス・重心を取れていない」ということを意味するのだとされるのです。したがって、自己を創造するために重要なのは、様々な衝動が一つの「重心」を獲得することだという話になるでしょう。そうすれば、様々な衝動に統一性が与えられることになります。しかし、ここで「統一性」というのが一体何を意味しているのか、それをよく考える必要があります。ニーチェによれば、人間は平穏無事な状態を獲得することによって「統一性」を手に入れようとする、という可能性もあります。そのような人は、自分自身の衝動はもちろん、いろいろな物事を避け、物事の本質から目を背けることによって、統一性のようなものを獲得するに至るのです。ですが、ニーチェはそんなことを目指していたのではありません。ニーチェが指し示していたのは、「対立や戦争の状態にある衝動」を持ち、「自分自身に対して戦争を仕掛けることにかけての名人的技量や巧みさ、つまり自分を制御したり自分を出し抜いたりする能力」を継承していて、しかもその能力と、自らの「強力で互いに決して和解しえないような衝動」とを育成することができるような人物なのです（『善悪』二〇〇）。ニーチェにとって真に偉大な個人は、まさしくこうした特性を備えているのです。なぜなら「自分を制御したり自分を出し抜いたりする能力」は、自らの力をほかの強力な衝動に対して表現し続ける衝動だからです。したがって、自己の統一性というのは、ほかの強力な衝動に対する反抗、再形成、克服をし続ける単一の衝動による統一を意味しているのです。自己は、何らかの最終地点なのではなく、「支配者的な」衝動によって行われる継続的な活動なのです。

ニーチェは、弱い人間には彼の用いる意味での「意志の自由」が欠けている、とほのめかしています。相互に対立した衝動を抱えながらも、そこには支配者の座に就いている衝動はないという人の場合、その人の意志は「底抜けに病んで退廃する」のであり、そしてそのような人たちは「決意に際しての独立性や、意欲における勇敢な快感をもはや全く知らない――彼らは夢の中ですらも『意志の自由』というものを疑っているのだ」(『善悪』二〇八)。ニーチェの「高位の人間は現にあるところの自分になる」とされますが、その理由は、幸運にも彼らは一つの暴君的な衝動を継承しており、その衝動はほかの衝動を否認するのではなく、むしろそれらをコントロールして、単一の目標に向かう単一の衝動のために奉仕させようとするからです。ニーチェは『偶像の黄昏』の「私の自由の概念」と題された節で次のように言っています。

自由な人間は闘士である。〔自由は〕克服されなければならない抵抗によって、上位に居続けるために費やされる労力によって測られる。自由な人間の最高の典型は、最高の抵抗が絶えず克服されているところに探し求められるべきだろう。〔……〕ここで「暴君」というものを、最高度の権威と規律を自分自身に対して要求する、情け容赦のない恐るべき本能と理解するならば［彼らは暴君のようなものである］。

ここでは、衝動の背後からそれを「コントロール」する自己なるものは何ら前提とされていません。ほかの衝動を自らに奉仕させる暴君的な衝動。ニーチェの使うフレーズを借りると、人がこれを「継承している」かどうかは純粋な運の問題だということになるのです。

力への意志に関する主張

力への意志についてはすでに触れましたが、この説は、公刊著作としては『善悪』において最も顕著な形で登場します。本書の第二章では、衝動が物事を「目指し」、「価値づける」という一見不可解なニーチェの主張について論じ、前章では、あらゆる「衝動は一種の支配欲である」というニーチェの主張を考察しました。私はこの一見馬鹿げた考えを、因果的な力に関する見解として説明しました。すなわち、衝動とは効果を最大化しようとする傾向であり、それゆえ衝動はほかの因果的な力と「競争」し、それらを自分の目的に適うよう方向転換させるのです。『善悪』

二五九でニーチェは、「生」は力への意志であると繰り返しています。さらには、心理学は「力への意志の形態論やその成り立ちと展開に関する論として」（『善悪』二三）理解されるべきだという主張まで見られます。前者の主張についてはすでに論じましたが、後者の主張は依然として非常に不可解なものに見えます。形態論とは、ある言語における単語や単語間の関係について研究する学問です。それが心理学や力への意志と一体どう関係するというのでしょうか？　私の考えはこうです。私たちの価値観や信念、世界にまつわる主張というのは、私たちの構成要素であり、しかもそれぞれが力への意志を表現しているような衝動たちの症状ないしその現れなのだ、ニーチェはそう言いたかったのだと思われます。ニーチェは文献学者として、外向きに現れている信念や主張が本当はどのような衝動を表現しているかを読み解くことは自分の仕事の内であると考えていました。だからこそニーチェは『善悪』の後半にある第一八七節で、道徳的主張からは、それを述べる人間について何がわかるのか、つまりある道徳に傾倒しているという事実からは、その人間の衝動について何が明らかになるのか、と問うているのです。そこでニーチェは言います。「道徳は［……］情動の身振り言語《サイン・ランゲージ》にすぎない」と。

『善悪』には、力への意志に関して、もう一つ注目すべき主張が見受けられます。ニーチェは『善悪』三六において、人間の行うことは衝動や力への意志の面から理解できるのだから、この効力の概念の適用範囲は世界全体にまで拡張されうるかもしれないと示唆しています。

あらゆる有機的機能が力への意志に還元できたとしたら、〔……〕実際に働くあらゆる効力を一義的に力への意志として規定する権利を得たことになるだろう。〔……〕世界はまさしくこの「力への意志」なのであり、それ以外の何ものでもないだろう。

ここでニーチェは次のようなプロジェクトをほのめかしているのだと思われます。それはすなわち、世界は「力の量子」の関係にほかならないとする完全な形而上学的世界像を創造しようというプロジェクトです。ニーチェはこれを検討し始めたところだったのです。しかしながら、賢明なことに、この企ては放棄されることになります。このプロジェクトに関するニーチェの考えが見受けられるのは、『力への意志』においてです。けれども、先に述べたように、この本というのは妹エリーザベトが兄の未発表のノートから作り上げた代物ですし、同プロジェクトはニーチェの公刊著作において目立った地位にあるわけでもありません。

第6章 病める動物の発明
――『道徳の系譜学』

ニーチェは『道徳の系譜学』をこう称しています。「論戦の書。最近公刊された『善悪の彼岸』の補足・解説として」と。『系譜学』が『善悪』を補足するものであるということは、すでに前章で指摘しておきました。ニーチェが説明（そして価値評価）しようとしている種類の道徳というのは善と悪の道徳であり、ニーチェはその「系譜」、つまりこの道徳を創造させた要因についての説を提示することによって、その説明や価値評価を行おうとしているのです。『系譜学』で展開されている説は、見事で、複雑で、とんでもなく緻密であるため、彼のほかの著作と同様、ごく簡単な概略を示すのが関の山です。人間存在の意味の欠如は、「病気」ないし「狂気」によってもたらされうるのだとされます。ニーチェはこの作品において刺々しい言葉遣いをしていますが、そうした言葉遣いが採用された背景には、彼の論戦的な目的があります。ニーチェは、私たちが私たちの道徳に対してとっている態度を変えたいと思っており、この道徳を潜在的に有害なものだと見なしていたのです。

『系譜学』という書は、序文と三つの論文から成っています。第一論文「『善と悪』、『優良と劣悪』」では、近代的西洋道徳に特有の価値観が発生したとき、一体何が中心的な役目を担っていたかということが記述されています。第二論文「『罪』、『やましい良心』、およびその関連したそのほかの問題」では、罪とやましい良心がいかにして生じたかが説明されています。第三論文「禁欲主義的理想は何を意味するか」は一言で説明するのが難しいものなので、少し後で改めて扱うことにします。なお、この三つの論文はすべて相互に連関したものでもあるため、簡にして要を得たまとめをするのは一筋縄ではいきません。それでは、序文から手をつけていきましょう。

道徳の諸問題

ニーチェは『系譜学』序三で重要な問いを二つ発しています。人間はどのような条件下で善い悪いという価値判断を案出したのか？　そして、これらの価値判断自体にはどんな価値があるのか？　二つ目の問いは、ニーチェの全般的なプロジェクトである「諸価値の価値転換」と関連しています。ニーチェによれば、私たちの道徳的諸価値は潜在的に有害であり、それ自体が価値転換されるべきだというわけです。この考えについては、本章の最後で考察することにします。

一つ目の問いは、少なくとも私の考えでは、『系譜学』のメインとなるテーマです。『系譜学』の課題は、私たちの道徳を、永劫不変のものとしてではなく、人間が案出したものとして説明することなのです。前章で述べたこともおさらいしておきましょう。ニーチェは、道徳は多種多様だと考えていました。そして『系譜学』では、「近代的道徳」・「奴隷道徳」・「畜群道徳」・「キリスト教道徳」などといった呼ばれ方をするある一つの特定の道徳が主として扱われているのでした（もちろん同書ではほかのことについても論じられていますが）。ニーチェの目的は、この道徳がいかにして生まれ、いかにして支配的になったかを説明することです。ニーチェは、自分以外の哲学者たちも道徳を説明しようとしていたということは認識していましたが、数多くの理由から、彼らのアプローチは見当違いだと考えていました。その主たる理由は、彼らが歴史的事実に合った見方ができていなかったというものです。彼らが説明しようとしていたのは、その実、自分たちの時代の道徳にすぎなかったのですが、彼らは、道徳というものはいつもずっとその彼らの時代の道徳と同じあり方をしていた、と誤った考えを抱いていたわけです。それに対してニーチェは、近代的道徳とは大きく異なる古代世界の道徳に目を向け、私たちの道徳が、古代の道徳に反発する形で作り出された比較的新しいものであることを示そうとしたのです。さて、この主張は、諸価値を価値転換するという課題においても重要になります。実際に人間が別様な道徳に沿って生きていたことがあるとまではいかずとも、少なくともそのような違った道徳が可能であるということを確信できなければ、私たちの現在の道徳に代わるものを想像するのは難しいでしょう。近代的道徳は「『我こそが道徳そのものであり、我のほかに道徳はない！』と頑固かつ容赦なく宣っている」（『善悪』二〇二）のです。ただ、この点はまた後で扱うことにして、先に『系譜学』の第二論文の話をすることにしましょう。第二論文は、こうした諸々の道徳に先立ってあった、人間にとって根本的なもの、つまり「やましい良心」という概念を説明する試みになっています。

「人間に関する本当の問題」

どんな道徳であれ、それは価値評価に関わっています。最大限抽象的に言うと、道徳は、ある物事がよいのか、わるいのか、よりよいのか、よりわるいのか、正しいのか、間違っているのかといったことに関わっているのです。道徳には、人が満たすことのできる基準、満たすことのできない基準、あるいは人が目指すことのできる基準が含まれます。私たちは、自分のやるべきことをやり損ねたとき、罪の意識に苦しむことがあります。これはつまり、道徳上の怠慢という実に恐ろしい感覚です。ニーチェは、罪の意識なるものが人間においてどのように現れるかということに関して、複雑でありながらも見事な説を展開しています。

第二論文は、「約束を結ぶことが許されている動物を育成する」ことはいかにして可能なのか、という一見奇妙な問いから始まります。ニーチェはこれを「人間に関する本当の問題」と呼んでいます。それはなぜなのか、その理由をこれから説明しましょう。さて、約束をするためには、自分の行動を律することができなければなりません。たとえば、私が「私はあなたと火曜日に会うことを約束する」と言う場合、私はその約束に沿って自分の行動を導くことができるのでなければなりません。ニーチェは約束には記憶力が必要だと述べています。これは明らかに正しいでしょう。そしてそのうえで彼は、痛みを伴う訓練について言及しています。たとえば、犬がカーペットの上でおしっこをしないように訓練するとします。そのための方法としては、犬に、その場所での排尿行為を痛みと結びつけさせるというものが考えられます。つまり、その子が「ちゃんとわかるようになる」まで、その子がおしっこをするたびに首の後ろの皮をつかんで引っ張るというやり方です。すると、その痛みを覚えているその子の行動は修正され、もうカーペットの上でおしっこをすることはなくなるというわけです。しかしながら、人間と犬には重大な違いがあります。私たち人間は、あることが規則であったり要請であったりするということを意識することによって自分の行動を律することができます。他方で、犬がカーペットの上でおしっこをしなくなるのは、規則を意識しているからではありません。犬がある特定の行動をとるようになるためには、訓練が必要なのです。私たちは規則を意識するものである以上、規則を守ることができなかったという意識も生じるものですし、ときには罪の意識が生まれることもあります。私たちは、何が正しい行いなのか、何が間違った行いなのかを意識するものなのです。しかし、犬はそうではありません。犬は人間の考える正しい行いや間違った行いに沿って行動することを学ぶのですが、犬はそんなふうな考え方をしているわけではありません。約束を結ぶ権利を持った動物であるためには、それ以上のことが必要になります。つまり、どんな行いが正しかったり要請されたりしているのか、あるいはどんな行いがよりよかったりよりわるかったりするのかを意識する必要があるのです。すなわち、犬のように単に自分の周りの環境を意識するだけでなく、自分は正しい行いや要請されている行いをしようとしている者なのだという意識を持つことが求められるのです。約束を結ぶ権利を持った動物であるためには、自己意識・自己認識を持った動物である必要があります。それこそが「人間に関する本当の問題」なのです。

自己意識を持った動物はどうすれば存在できるようになるのか、ニーチェからその説明を聞くためには『系譜学』Ⅱ一六まで待たなければなりません。この説明はニーチェが展開している「やましい良心」に関する説の中に見られます。「やましい良心」というのは、自分自身を、何かしら道徳的な欠陥を抱えていたり道徳的に腐敗していたりするものであると認識する、〔良心の呵責のような〕苦しい状態です。別の言い方をするならば、それは、自分は徹底的に間違っているというつらい感覚なのです。これは恐ろしくて苦しいものではあるとはいえ、自己認識の一形態であることには間違いありません。ニーチェは、このような「陰鬱なもの」(『系譜学』Ⅱ四)がどのようにして生まれるのかを、大まかには次のように説明しています。やましい良心が生まれる前、人間は本能に支配されながら放浪していました。しかしニーチェの推量するところによれば、ある集団が別の集団を奴隷化し、「国家」の中に閉じ込めました。（なお国家といっても、政治的な意味での国家の話ではありません。ここで言われているのは、ある戦闘集団が別の集団を支配下に収めているという意味での国家です。）これによって、奴隷化された人々の本能は抑制されるようになりました。彼らは以前のように本能を表現することができなくなってしまったのです。ですが、そうは言っても、やはり本能は存続しており、「発散」されなければなりませんでした。

ニーチェは、そうした本能は奴隷化された生物の一部になったと主張しています。ここで中核的な地位にある本能は、残酷さの本能、つまり他者に苦痛を与える喜びという本能だとされます。この本能がその所有者自身に向けられると、やましい良心が生まれます。さらには、それとともに、自己認識という人間の基本的な能力も生じることになるのだとされます。以下では、この驚くべき考えについてもう少し詳しく説明していきます。

ニーチェは、『系譜学』第二論文の前半やそのほかの著作において、人間は残酷なことを楽しむものだという避けられない事実に力点を置いています。しかもこの事実は、衝動は力への意志を表現しているというニーチェの見解とうまく調和しています。人は自分以外の生物に残酷なことをしているとき、その生物を支配したりコントロールしたりしていることになります。国家の中に閉じ込められた人々は、残酷さという重要な衝動を表出させることができないため、彼らはそれを自分自身に向けることになります。むろん残酷さを自分に向ける方法としては様々なものが考えられますが、ニーチェにとって重要なのは心理的なやり方です。自分に対する残酷さは人間の「内面化」につながるとされます。自分が持つ衝動を憎むべきもの・軽蔑すべきもの・醜悪なものとして意識する内に、この自分に対する残酷さが自分自身の衝動に向けられるのです。残酷さが自己に向けられ、その結果、人は自己を意識するようになる——自己嫌悪という形で自己意識に至るのです。

やましい良心は、全く新しい種類の苦痛を世界にもたらしたという意味では恐ろしいものかもしれませんが、それと同時に「重大な」出来事を告げるものでもあります。やましい良心が誕生したことで、「［人間は］動物的過去から強制的に引き離される」ことになり、「新しく、謎めいて」、「豊かな未来を持った」ものが生み出され、「のちに『魂』と呼ばれることになるものが人間の内で初めて育った」（『系譜学』Ⅱ 一六）のだとされるのです。というのも、人は自己意識を持つようになると、自分は潜在的によりよい人間であり、変化や改善が必要なのだと考えられるようになるからです。ニーチェの言葉で言うならば、やましい良心は、「理想的で空想的な諸々の出来事の真の母胎」なのです。自らを「醜い」と見なさずして「美」を追求すること、そんなことは人間にはできません。「もし醜いものがまず自分自身に対して『私は醜い』と言っていなかったのだとしたら、そもそも『美』とは何なのだろうか？」（『系譜学』Ⅱ 一八）。

やましい良心によって、人間という動物は「病的」であると同時に「興味深い」存在になるのです。興味深いのはなぜかというと、人間は自己を認識し、物事を理想の面から考えられるようになったからです。では病的なのはなぜかというと、人間はいつも自分自身に対して耐えがたい不満を抱えた動物になってしまったからです。自らの存在が「一つの問題」であるような生物、それが人間なのです。しかも、やましい良心があると、罪悪感、つまり非難に値するような過ちを犯してしまったというつらい感情まで生じることになります。一体罪悪感はどのようにして生まれるのか、また罪悪感はやましい良心とどのような関係にあるのかという問題は、第二論文のかなりの分量を使って論じられる複雑な問題です。ひとまずここでは、借りがあるという考えが関係しているとだけ言っておきます（のちほど禁欲主義的理想について扱う際に述べますが、ニーチェによれば、この考えは非常に深刻かつ有害な仕方で誤解されているのです）。さて、とはいえ、第二論文には積極的な面もないわけではありません。「主権者的個人」と呼ばれる人物がそれです。たしかに、この人物は、たとえば「自由意志の主《あるじ》」と呼ばれたりするほど非常に大げさな表現で描写されているため、ニーチェはリベラルで自由な個人という理想を皮肉っているのだと考える論者がいたのも無理もありません。しかし注目すべきは、ニーチェの言うこの「晩熟の果実」が、やましい良心を持ってはいなかったにしても、良心は持っていたという点です。主権者的個人は、「自らの心の最も深い奥底まで沈下して、本能に、支配的な本能にまでなっているような、自己と運命に対する力の意識」（『系譜学』Ⅱ二）を持っているとされるのです。噛み砕いて言うと、主権者的個人は価値評価にまつわる自己認識を持ってはいるけれども、それは自己嫌悪に苛まれたものではなく、誇り高いものであるということです。この人物を、前章で触れた「自由な」個人、つまり一つの支配的な衝動を持ち、自らをそのようなものとして認識し、やましい良心は一切持たない人物と見なすのも、説得力のないことではないでしょう。

やましい良心があれば自己を評価する能力が生まれます。しかも重要なことに、それは否定的で苦痛を伴う価値評価です。それは、強者によって「国家」の中に閉じ込められた人々の間で猛威を振るうものなのです。さて、ここで、『系譜学』第一論文に目を向けてみましょう。そこでは、強者タイプの「主人」と、抑圧された者、弱者、つまり「奴隷」とが対比的に論じられています。記憶に新しいと思いますが、「主人」道徳と「奴隷」道徳という二つの一般的な形式の道徳をめぐるニーチェの考えについては、前章でちらっと論じました。「主人」とは、自信にあふれており、何かを獲得したり征服したりするなどなどの行いを通じて自分の衝動をストレートに表現する者だとされます。そうした貴族は「よさ」の構成物とされる特徴をすべて備えています。つまり彼らは高貴な生まれで、裕福で、力を持っているというわけです。それとは対照的に「奴隷」は弱く、病んでいて、そして決定的なことに、無力です。彼らは自分の必要なものや欲しいものを獲得することができません。彼らは単なる主人の臣下にすぎないのです。抽象度の高い形でとはいえ、ニーチェがここで記述したのは、古代西洋世界の社会・経済的状況、そしてその世界が体現していた価値体系なのです。ニーチェは、なぜその当時の価値体系は現代の私たちの価値体系に取って代わられたのかを説明しようとしたのです。

ニーチェ曰く、かつて「奴隷一揆」というものが発生しました。とはいえ、これは実際の一揆ではなく、「想像上」・「概念上」の一揆だとされます。無力で貧しい奴隷たちは力を持ったり裕福になったりすることはできませんが、自らの貧しくて無力な状況を新たな角度から考えることができます。彼らは自分の無力さを、主人が持つ強さの欠如というネガティヴなものと考えるのではなく、称賛に値する「温和さ」や「穏やかさ」と考えることができるのです。内気さや他者からの慰めの緊迫した必要性は、「柔和さ」や「気立ての良さ」になります。これまで「わるい」とされていたものが「善い」と見なされるようになるというわけです。逆に、主人たちが楽しむことのできるような性的奔放さは動物的な「色欲」に、主人たちの食欲は「大食」に、主人たちの富は「強欲」と特徴づけられるようになります。こうしたよいもの、およびそれらを獲得する主人たちの能力は、いまや道徳的に悪いもの、つまり「悪」と見なされるようになったのです。

ニーチェはこの奴隷一揆を「想像上の復讐」と称しています。ここで、「やましい良心」というのが、人間が恒常的に心理的苦痛を感じる状態にあることを意味するという点を思い出しましょう。奴隷一揆に関するニーチェの説においては、さらにルサンチマン〔仏：ressentiment〕という心理的仮定も置かれています（ここでニーチェがフランス語の単語を用いているのは、この状態を単なる憤り〔英：resentment〕から区別するためです）。ルサンチマンは奴隷の欲求不満や無力感に起因する強烈な苦痛、すなわち自分の衝動を阻害する物事に対する反動や、自分は主人が持っているものを得ることができないという力の無さから生じる苦痛だと言えます。奴隷たちは自分の欲しいものを手にすることができないので、ルサンチマンに苦しみます。そこで、奴隷たちはルサンチマンを取り払うために、先ほどのような価値の新たな序列を無意識の内に案出していくのです。彼らはこの新たなやり方で世界を捉えることによって、やましい良心やルサンチマンの苦痛を軽減させていくのです。なぜその苦痛が軽減するのかというと、世界をそう捉えれば、彼らは、自分は貴族たちよりも道徳的に優れていると考えられるようになるからです。

追加の解釈

第一論文を読むと、様々な反応が引き起こされます。その反応としては、ニーチェの説はあまりにも抽象的だったり印象論にすぎなかったりするのではないかといったものが挙げられるでしょう。ニーチェは自説を支持する語源的な根拠を提示したり、多様な文化に言及したりしていますが、詳細な歴史的証拠と呼べるようなものは見受けられません。その代わりに、彼は道徳において探知可能な変化を、一般的な心理的タイプの観点から説明しています。この価値評価の変化については、心理的な推測が行われているというわけです。何にせよ、第一論文は不完全なものです。どういうことかというと、ニーチェは第三論文では「聖職者」に言及し詳説するのですが、その人物像については第一論文ではそれほど細かく検討されていないからです。ここではそこに目を向けることにしましょう。

『善悪』二六〇を読めばわかる通り、「主人」と「奴隷」という形容語句は、種々様々な物事や「道徳」を特徴づけるものとして使われています。たとえば、これらは人の性格の一般的な傾向に関する特徴づけに用いられています。主人タイプの人は自信に満ちていて毅然としていますが、他方で奴隷タイプの人は自信が欠けており、自己不信でいっぱいで、他者に依存した存在です。これらのほかに、「聖職者」という性格タイプもあります。聖職者は第一論文で触れられていますが、その決定的に重要な役割は第三論文になって初めて前面に出てきます。聖職者タイプの人は、基本的に「生に敵対している」（『系譜学』Ⅲ一一）ような人物です。その敵意は生存を非難するという形で表れます。聖職者のすることには、世界から撤退しようという考えが現れているのです。いやそれどころか、その行いは彼ら自身に対して有害であるようにも思われるほどです（ニーチェはこの関連で自己への鞭打ちという言い回しをしています）。私たちの生きる世界から突っぱねられることが、聖職者の全般的な傾向なのです。聖職者タイプの人は「生に反対する生」（『系譜学』Ⅲ一三）とも呼べるパラドクスを体現しているようだ、とニーチェは書いています。あるものが自分自身の生存に反対する、いやそれどころか、生存そのものに反対するなどということが一体どうしてできるのでしょうか？　けれども、このパラドクスは見かけ上のものにすぎません。聖職者タイプの人が抱く生に対する敵意、あるいは生存に対する非難には、生にとって本質的なもの、すなわち力への意志が表現されているのです。聖職者は、生に関する全般的な解釈や意味を提供することによって、支配・占有への自らの欲求を表現しています。その教義のもとでは、この世の生が非難の対象となるだけでなく、ある全く別の形式の生、この世の苦悩や苦痛とは無縁の別世界が約束されているとされます。生に対する聖職者の敵意は、聖職者の力と結びついています。なぜなら、聖職者は人類の絶え間ない苦しみに対して一つの解釈を与えることができるからです。聖職者は、人間本性に関する解釈をまるまる一つ提示し、それを人類に信じさせることによって、自分と他者の両方を支配できるようになるのです。そして、この解釈は奴隷一揆の価値観と実にきれいに反りが合うものなのです。

どうしてでしょうか？　思い出していただきたいのは、奴隷たちは自らのルサンチマンをきっかけに、「主人道徳」の価値観をひっくり返したという点です。主人タイプの人の富・力・快楽・平凡な人々に対する無関心は、強欲・貪欲・自己本位・大食・色欲といった形に概念化されていったのです。奴隷の内気さや弱さは、柔和さ・穏やかさ・気立ての良さに変わりました。こうした転倒によって、人類の底辺の連中の卑しく文無し同然の地位に対して想像上の埋め合わせがなされるのです。とはいえ、それでもなお苦しみは残ったままになります。奴隷による想像上の一揆ではそこまでが限界なのです。聖職者タイプの人は、奴隷の反乱に、その価値観を正当化して奴隷たちの苦しみに意義をもたらすような、人間存在に関する全般的な解釈を付け加えることができます。奴隷たちが主人たちの幸運を否定的に評価するというのは、この世はかりそめの場所であり、別の世界にはもっと大きな精神的な報酬が待ち受けているという感覚によく適合しています。真に徳の高い人々は、権力・財産・官能的な欲求の充足など、この世界の、それだけで考えれば魅力的に思われる物事から自らを断ち切るのです。というのも、彼らは、そうした物事は幻想、すなわち道徳の面で弱き者たちを惑わす誘惑にすぎないということを「理解」しているからです。恵まれた人たちに向けられたルサンチマンから生まれた奴隷の価値観は、生に対する聖職者の敵意に沿った解釈を受け入れるための絶好の素地となっているのです。

しかし、奴隷の苦しみについてはどうでしょうか？　ニーチェ哲学の公理は、人間は意味のない苦しみには耐えられない、裏を返せば、意味のある苦しみであればいくらでも耐えられるというテーゼです。聖職者は、奴隷たちの罪悪感やルサンチマンといったありふれた感情に付け込み、その苦しみを罪業や堕落といった角度から説明することで、そうした意味を提供しています。人間本性は本来的に堕落している、すなわち私たちは神の恩寵を失ってしまっているのであり、私たちは神の前では罪深い存在だとされるわけです。しかし、ニーチェは、この全体的な解釈は苦しみに意味を与えているが、その代わりに苦しみは増大させられていると強く主張しました。喪失・苦痛・負傷・病気といった、人間という動物によく見られる不幸には、罪悪感や責任感、そして神に対する返済しえない負債が上塗りされているのです。禁欲主義的な聖職者は病人に治療を施す者としてふるまうものなのですが、実際には病人の病気を悪化させてしまうのです。

禁欲主義的理想

以上のことは、近代的西洋道徳とどう関係しているのでしょうか? 第三論文では、「禁欲主義的理想」について、そしてその理想が科学者・芸術家・哲学者などといった様々な集団にとって何を意味しているかについて論じられています。ここからは、紙幅の都合もありますので、ニーチェが芸術家や哲学者について語ったことについては触れず、科学の理想は実のところ禁欲主義的理想の「最新の表現」であるという大変驚くべき主張に目を向けたいと思います。しかし、これらのことが近代的西洋道徳とどう結びついているのかという問いに取り組むためには、「禁欲主義的理想」がどういう意味のものなのかを把握する必要があります。

ニーチェは『系譜学』Ⅲ八において、禁欲主義的理想は「三つの大きな飾り言葉」、すなわち清貧・謙虚・貞潔で特徴づけられると言っています。理想とは、目指されるべき目標でありつつ、私たちのほとんどには達成することのできないものです。私たちの抱く聖人像は、貞潔・清貧・謙虚の生活を送っている人のイメージなのです。聖人は目指すべき人物、すなわち理想であり、私たちは聖人を基準にして自らの欠点を測り、自らを律し、自己を改善させていくのです。このような理想は「生否定的」、つまり「生に敵対的」だと言えます。それは、力への意志の直接的な表現に反するような理想を設定しているという点で、力への意志に反しています。それはむしろ聖職者の力への意志、つまり支配的な解釈を提供しようという聖職者の意志によって発明されたものなのです。こうした理想のもとでは、衝動の持つ支配的・占有的な性格が「低く評価」されます。謙虚な人は支配などしませんし、物を手に入れようとしたり、肉体的欲求を満たそうとしたりもしません。聖人は、そうした人間の努力の対象となるもの、物質的な幸せ・肉体的な満足・自己利益といったものをすべて拒絶します。普通の人間は、聖人の設定した理想に照らして、こうした誘惑と闘うのです。

ほとんどの人はこれを宗教者の道徳だと考えるでしょう。これは聖人の理想が付いた「キリスト教」の道徳で、対して西洋の道徳は今日では世俗化している、と。では、私たちの道徳は禁欲主義的理想とどんなふうに関係しているのでしょうか？　一つの考え方としては、私たちが大切にしている価値すべてを、文字通りにだとか明確に宗教的にではないにせよ、清貧・貞潔・謙虚が高く掲げられ定着したものと見なすことができます。すなわち、私たちが無私の精神や穏やかさに肯定的な態度をとって、他方で傲慢さを嫌うのは、世俗化した謙虚さの現れです。倹約を称賛し、他方で物質主義や派手な生活を嫌うのは、清貧の一形態です。性的奔放さを嫌うのは、いやそればかりか、性に対する単純には済まない様々な態度まで嫌うのは、貞潔の一形態です。道徳とは自己否定のことだというわけです。

この理解がいかにして、そしてなぜ問題含みだと言いうるのかは、のちほど説明します。ここまでは、私たちの道徳がどうやって生まれたかに関するニーチェの考えをごく簡単な形で示しただけです。先に言及した通り、科学は禁欲主義的理想の最新の表現である、とニーチェは考えていました。これは、一見奇妙な主張のように思われるでしょう。ニーチェの考察は、科学は、一つには、こうした理想を下支えするキリスト教的な宇宙観を切り崩すものなのだから、この理想に反するものだと述べる人を検討することで進んでいきます。科学（なおニーチェのドイツ語原文で使われている「Wissenschaft」は英語では一般的に「science」と訳されていますが、秩序立った仕方による知識の追求ならば何でもこの語で示されることを思い出してください）の中核には、真理に置かれる無条件的な価値があります。真理は、それが役に立つものであれ、恐ろしいものであれ、どんな代償を払ってでも獲得すべきものだとされるわけです。理想的な科学者とは、知識を追求するためにはすべてを犠牲にする人であり、ニーチェの表現で言うならば、「厳しく、厳格で、自制的な」タイプの人、「英雄的」な「青白い顔の無神論者、アンチキリスト教徒」です（『系譜学』Ⅲ二四）。しかしここで思い出すべきなのは、『善悪の彼岸』の冒頭においては、そもそもなぜ私たちは真理を無条件的に高く評価するのかが問われているという点です。ニーチェ流の言い方をすると、なぜ真理への無条件的な意志があるのかが問われているのです。ニーチェは、この意志は「高貴な」ものではあるものの、やはり禁欲主義的理想の現れであると断定しています。これは解説者を困惑させてきた主張ですが、『系譜学』でニーチェは『愉しい学問』三四四「私たちもなおどれほど敬虔であるか」という節に言及しています。その節でニーチェは真理への意志を、欺きたくないという意志、特に自分自身を欺きたくないという意志と結びつけています。ニーチェの考えによれば、真理への無条件的な意志は有用性という面からは説明できません。なぜなら多くの真理は有用性を欠いており、さらには、重要なことに、多くの真理は危険であったり有害であったりするものだからです。むしろこの意志は、「私は欺きたくない、私自身をも」という「道徳的地盤」に由来があるとされます。この点は神の存在とつながっています。そのうえ、神の死を考慮すると、私たちは真理を無条件的に高く評価すべきなのかどうかという問題が浮上します。ただ、そうは言っても、このつながりはあまりはっきりしたものではありません。たしかにニーチェは、科学はキリスト教の天国に似た別世界を想定していると言ったり、プラトンの伝統とキリスト教の伝統の双方において真理は神的なものと結びついてきたと言ったりしています。けれども、これではまだ、「私は欺きたくない、私自身をも」という道徳上の戒律につながるようには思えないでしょう。以下では、自分自身を欺きたくないという意志、神、そして真理への意志は禁欲主義的理想の一表現であるというニーチェの見解のつながりについて、私の解釈を示しておきたいと思います（もっとも、これを裏づける十分な証拠がニーチェのテクストの中にあると自信を持って言えるわけではありませんが）。神は全知、すなわちありとあらゆることを知っている存在です。ここで決定的に重要なのは、神はあらゆる人間の心を知っているという点です。神はあなたの心を知っているので、あなたが自分の罪深さや邪悪な考えを否定しようとしていることも知っていることになります。そのため、自分自身を欺かないことが非常に重要になるのです。どういうことかというと、私たちは神を欺くことはできないので、自分の心がどんなに醜くてひどいものであろうとも、それを知らなければならないということです。真理から永遠に逃避し続けるなどということはできないので、私たちの真理への意志は無条件的になるわけです。

神の死についてさらに詳しく

ご承知の通り、「神の死」についてはすでに触れました。また、『善悪の彼岸』や『道徳の系譜学』と同時期に執筆された『愉しい学問』第五書の文章にもつい先ほど言及しました。この第五書は「神の死」に関する言説で幕を開けるのですが、そこには楽天的な雰囲気が漂っています。神が死ぬと、それとともに、真に「自由な精神」の可能性、そして「開けた海」の可能性が到来するのです。しかしながら、『系譜学』の最終節はこれとは違ったトーンで語られています。禁欲主義的理想は人類の病の一因になるものではありますが、それでも人間に理想を与えてきたことには違いありません。禁欲主義的理想によって、人間存在、特にその不可避の苦しみに対して包括的な解釈や意義が与えられてきたのです。それがなかったとき、私たちは「巨大な空隙《くうげき》」に苦しんでいたとされます。人間存在は、純然たる動物的な苦しみだけでなく、意味がないことの苦しみや、禁欲主義的理想が与える答えに起因する苦しみなど、様々な苦しみを抱えています。

とはいえ、それがどんな意味であろうと、ないよりはましですし、苦しみは意味があれば耐えられるものです。しかし、それ自体が禁欲主義的理想の現れである真理の無条件的な追求の結果として、よき知的良心を持った人たちはこの意味を下支えする神の存在をもはや信じることができなくなり、「人間がこれまで持ってきた唯一の意味」の諸条件が崩れることになります。禁欲主義的理想のことを熟知している私たちは、そこには「人間的なものに対する、それにもまして動物的なものに対する、それにもまして物質的なものに対する憎悪、官能に対する、理性そのものに対する嫌悪、幸福と美に対する恐怖、あらゆる仮象から、変転から、生成から、死から、願望から、欲望そのものから逃れようとする欲望」が隠されていることを見出すのです。つまり、自殺的ニヒリズムというものが一部の人にとっては非常にリアルな脅威になっているということです。人間には理想が、意志を導いてくれるものが必要なのです。さもなければ人生は不可能になってしまうからです。『系譜学』の最後に意味深長な仕方で言われているように、「人間は何も意志しないよりは、むしろ無を意志するものである」。

ニーチェの主張によれば、ツァラトゥストラこそが〔禁欲主義的理想に〕対抗する理想を代表する者、「アンチキリスト、反ニヒリスト、この神と無の超克者」（『系譜学』II 二四）なのだとされます。高位のタイプの人間とはどのようなものか、そしてそうした人間がいかにして新しい理想を構成するかについては、『ツァラトゥストラ』をめぐる章で少し論じました。『系譜学』自体は、この理想がどのようなものであるかをほのめかしているにすぎません（なお、それはほかのところでも大ざっぱにしか描かれていないと言わざるをえません）。『系譜学』では、奴隷道徳とそれに対抗するニーチェの理想の比較対照が行われていないのです。ニーチェは『この人を見よ』の中で、『系譜学』そのものは彼による諸価値の価値転換ではなく、「あらゆる価値の価値転換のための、一心理学者による三つの決定的な予備研究」（強調筆者）であると一点の陰りもないほどはっきり宣言しています（もっとも、この宣言に意地でも耳を貸そうとしない解説者もいますが）。同様に、『愉しい学問』では次のように言われています。「［道徳判断の］成立史は［……］批判とは別物である」し、「ある道徳が誤謬から生まれ育つということさえありうるが、たとえそうだとしても、この事実の認知によっては、その道徳の価値の問題はまだ触れられてすらいないだろう」（『学問』三四五）。こうした「予備研究」のおかげで、私たちが身を置く道徳文化は人間心理の自然産物なのであって、唯一可能な道徳を構成する永劫不変の固定的なものなどではないと考えられるわけがわかるようになります。その点を認識してしまえば、私たちは別の理想の可能性を検討することができるのです。

第7章

終幕に向けて

――『偶像の黄昏』・『アンチキリスト』・『この人を見よ』・そしてワーグナー再び

一八八八年は、ニーチェにとって特別な年でした。彼の哲学が評価されつつあったのです。一八八七年末、ニーチェの仕事に感銘を受け、ニーチェ本人ともコンタクトを取っていた北欧のゲーオア・ブランデス教授が、コペンハーゲンでニーチェ哲学の講義を開講しています。今日ニーチェは高く評価されていますが、この講義こそがそのきっかけになったのです。ニーチェは北イタリアの都市トリノを発見し、この町（とそこのアイスクリーム）に惚れ込みます。体調も少し改善していました。そして自身の最高傑作になるだろうという考えのもと、執筆活動に精を出していました。その作品のタイトルは『あらゆる価値の価値転換』とされたり、『力への意志』とされたり、あるいはこの二つを並べたものになったりしました。（『力への意志』という題になってはいますが、これは、ニーチェの妹が彼の未発表のメモから作り上げた同名の偽書とは全くの別物だという点に注意してください)。しかしニーチェはこのプロジェクトを放棄したと二月に宣言しています(もっとも、彼は八月までそこに手を加え続けていましたが)。ニーチェはワーグナーに心を奪われていたこともあって、『ワーグナーの場合』と『ニーチェ対ワーグナー』という作品を生み出します。後者は、ニーチェが作曲家ワーグナーに対するそれまでの自分の考えを手短にまとめた作品です。また、ほかにも三つの作品が著されました。『偶像の黄昏、あるいは、いかにしてハンマーで哲学するか』、『アンチキリスト』、『この人を見よ——いかにして人は現にあるところのものになるのか』です。ニーチェは一八八九年一月に致命的な精神崩壊に陥る直前まで『この人』の執筆に取り組み、この著作は死後の一九〇八年に出版されました(『偶像』は一八八九年、『アンチ』は一八九五年の刊行)。

ニーチェは精神崩壊したのですから、当然ながら、一八八八年当時の彼のメンタルヘルスはどんな具合だったのか、疑問に思われることでしょう。一方では、先に述べたように、身体面の調子は少し良くなっていました。この時期のニーチェのウキウキした陽気な感覚や誇大妄想的な傾向はそれが一因だったように思われます。しかし、その一方で、精神崩壊が間近に迫っていたことを示す兆候もあります。一二月、彼はブランデス宛てに手紙を書き、『アンチキリスト』は各国語で百万部刷られる必要があるほど重要な作品であると主張していたのです。また、同月には、イタリア国王夫妻の訪問を受けることになっているなどと述べています。このようにニーチェの精神が不安定であった形跡が見られる以上、最晩年の一八八八年に書かれた文章をどう理解すべきかは考えものです。まず、『偶像の黄昏』には精神崩壊の形跡が全くないのは間違いないように思えますし、同書の執筆中にニーチェのもとを訪れてきた人たちも、彼の行動に関して気にかかるところは何も目にしていなかったようです。しかし『アンチキリスト』と『この人を見よ』の中の一部の文章には疑問符が付いてしまいます。『ワーグナーの場合』にも妙なところはあるものの、ワーグナーに対するニーチェの基本的な態度、すなわちこの作曲家は文化的退廃の象徴的存在であるという基本線からは外れていないように思われます。ニーチェによる批判では、「デカダンス」という概念が使われています。これはこの一八八八年に書かれた文章で重要な位置にある概念です。これについてはすぐ後で説明します。まずは『偶像の黄昏』に目を向けたいと思います。

「宣戦布告」

『偶像の黄昏』というタイトルは、多くの人が指摘するように、ワーグナーの《神々の黄昏》をもじったものです。副題の『あるいは、いかにしてハンマーで哲学するか』を見ると、ニーチェがハチャメチャな破壊行為、ハメのはずれた暴力行為に関与しているのではないかと思われるかもしれません。しかし、それは誤解です。これも音楽的な意味合いを持っているのです。つまり、その要点は偶像を「コンコン叩いて」中が空洞になっていないか、ひびが入っていないかをチェックする点にあり、ここでのハンマーは音叉のようなものなのです。哲学者ニーチェは、「邪悪な耳」（『偶像』序）でもってそうした偶像を調べようとしているというわけです。ニーチェは、これは「宣戦布告」であり、「あらゆる価値の価値転換」（『偶像』序）という自身のプロジェクトの一環だと述べています。序文の日付は一八八八年九月三〇日で、これは『あらゆる価値の価値転換』第一書、すなわち『アンチキリスト』が完成した日だと宣言されています。

『偶像』では多くのトピックに触れられていますが、ほかの著作と比べれば、テーマは絞り込まれたうえでコンパクトな形で論じられていると言って間違いありません。また、おそらくこの本こそが成熟期のニーチェ哲学のエッセンスを一番よくまとめた作品であり、しかもそれでいて『悲劇の誕生』の諸テーマを彷彿とさせる著作だと言えるでしょう。この作品はとてつもないスピードで執筆されたと言われていますが、そのせいで粗が目立つというようなことはないように思われます。この本は、含蓄に富んだアフォリズムが収められた「箴言《しんげん》と矢」という節からスタートします（ニーチェの文章の中でこの箇所ほど引用しやすいところはほかにないでしょう）。それに続く節が「ソクラテスという問題」です。読者のみなさんに思い出していただきたいのは、『悲劇の誕生』においてニーチェが、「ソクラテス主義」なる哲学によってギリシア悲劇の救済的性格は殺されてしまった、と非難していたという点です。この節でもこの主張がこだまのように聞こえてくるのです。ニーチェによれば、ソクラテスはデカダンの人物でした。デカダンスというのは一九世紀後半に広く普及していた概念で、当時の芸術における各流派はこの概念に影響を受けていました。これは、大まかに言うと、道徳が退廃して快楽主義まで堕落してしまったといったことを示していました。もちろんニーチェは単なる放蕩三昧を歓迎すべきこととは見なさないはずです。しかしニーチェにとって、道徳の退廃は間違いなくもっと複雑な問題なのです。ニーチェが思い描いていた退廃は、意味の欠如からくる人類の苦しみの増大に伴うニヒリズムの脅威でした。人間は衝動の集まりであり、何らかの理想がなければ、精神的にも文化的にも無秩序な状態が生じてしまうのです。個人における、さらには文化における支配的な本能の否定者、わずかではあるものの民衆扇動的なルサンチマンを背後に秘めた弁証法、すなわち問答法の賛美者、その象徴こそがソクラテスということになります。冷静な理性を使っても、そうした人間のあり方は治療されません。むしろそれによって人間は自分自身の本能と不和の状態に陥ってしまうというわけです。それは、本能に対する「戦い」だとされるのです。

「反時代的人間の渉猟《しょうりょう》」という節では、こうした問題が一部の芸術家や思想家の中に見出されると言われており、ニーチェは彼らを名指しで批判しています。しかもニーチェは、この問題はドイツ的性格に基づいたある種の考え方の内に染みついていると見ています（「ドイツ人に欠けているもの」）。「反自然としての道徳」という題の節では、キリスト教における本能との戦いが再度考察の対象にされています。やましい良心というものは、本能がそれ自身に反目することで引き起こされる病とされていることを思い出してください。その「治療法」の一つとしては、人間本性に関するキリスト教的な解釈があります。それによると、私たち人間の本能の多くは卑しいもの、単なる動物的なものなのであって、私たちの「真の」本性には数えられないとされます。したがって、私たちの本能は否定され、撲滅され、一掃されなければならないということになります。これが、道徳が「反自然的」であると言われるときの一つの肝です。それに対してニーチェは同節で、私たちに自然に備わった本能を否定するのではなくむしろ活用するという積極的な代替案を提示しています。これは、本能の「精神化」や「昇華」という考え方です（この考え方は、のちにフロイト哲学において中心的地位を占めることになりました）。ある衝動を昇華させるというのは、それを否定したり一掃したりするのではなく、別の対象の方へと向け変えることによって、その衝動自体を成形していくということを意味します。ニーチェは二つの例を挙げています。一つは官能を愛に昇華させること、もう一つは敵意を敵の存在の重要視に昇華させることです。どちらの場合も、衝動の基本的な表現とその対象にまつわる目的とが改められることになります。ただの性的衝動は相手をより深く理解することへと変わり、敵意は、敵を、力への意志が発揮できるようになるための抵抗の対象と把握することへと変わります。これは、私たちは自らの衝動に基づいた傾向を絶えず再解釈し、新たな意味を与えるものだというニーチェの見解と符合しています。私たちの性的衝動は撲滅されるのではなく、より健康的な新しい表現が与えられることになるのです。ニーチェ自身が明確に述べているわけではありませんが、このような昇華は、新たな価値の創造の一端だと考えられます。前述したように、世界はそれ自体としては価値を欠いており、価値は衝動が対象に向けられることで創造されるのだとニーチェは考えていました。昇華の主旨は、まさにこの衝動が、その対象に関する微妙に異なった繊細な考え方を生み出し、より豊かで繊細な価値を創造するという点にあるのです。

『偶像』においてニーチェは、諸価値の価値転換の「最初の実例」も提示しています（『偶像』「四つの大誤謬」二）。ニーチェによれば、それまでのどの道徳や宗教においても、幸福はある特定の指令に従うことで得られるとされていました。幸福とは、善行に対する報酬であると考えられていたのです。しかし、ニーチェはまさしくその反対こそが真実なのだと主張します。これこそがニーチェによる諸価値の価値転換の最初の実例です。たとえば、ある人が寛大な心を持てるようになるためには、ニーチェが大いに称賛したような類いの自己決定力と衝動の序列とを発揮する必要があるとされます。そのような人物は、報酬を得ようとして奴隷のように道徳の命令に従うなどということはせず、他者と上手に付き合うことができます。ニーチェの考える幸福は、「末人」のように満足感や苦に対する快の優位を追求することから得られるものではありません。むしろそれは、衝動と環境の偶然の巡り合わせのおかげで、自らの全衝動が奉仕することになるような単一の包括的な目標を持っている人物の幸福を指しているのです。

このような考え方からは、言ってみれば、ありきたりな印象を受けることでしょう。人の役に立つ行いが確実にできるようになるために、自らの衝動を健康的な仕方で活用し、まずは自分の幸せに向かおうというのですから。とはいえ、それはどうすれば達成できるのかという問いが残っています。現代人の耳には受け入れがたいことですが、ニーチェは、そうした高位のタイプの人間がうまく大成する社会体制は貴族主義的なもの以外にはありえないと考えていました。これは彼の文章においてはっきりと読み取ることができます。ニーチェに言わせれば、民主主義はルサンチマンの道徳が政治的な方面に育ってできたものであり、その目的は、高位のタイプの人間を低く評価したうえで、卓越した人間の大成を可能にするような、仕事上の自己充足を超える志などを一切抱かないように訓練された慎ましい労働者階級を作ることにあるのです。ニーチェの説には、また別の問題も潜んでいます。奴隷道徳やその無私性の重視を激しく糾弾することで、ニーチェはゾッとするほど恐ろしい利己心の持ち主たちまで承認してしまっているのではないでしょうか？　この指摘に対してニーチェがどんな言葉を返すかは定かではありませんが、確実に言えるのは、ニーチェはその不道徳主義によって何でもやりたい放題の状況がもたらされることは望んでいなかったということです。たとえば『曙光』一〇三では、「言うまでもないが――私が愚かな者でないとすれば――、不道徳と呼ばれる多くの行為は避けられるべき、抗戦されるべきであること、同様にまた道徳的と呼ばれる多くの行為が行われるべき、奨励されるべきであることを、私は否定しない」と述べられています。ニーチェはさらに、そうした行為は「これまでとは別の理由から」行われるべきだと付言しています。しかしながら、一体なぜそうなのか、一体どんな基準で何をすべきで何をすべきでないかが決まるのかは依然としてはっきりしません。ニーチェの考えは、高位のタイプの人間はそれぞれ独自の目標や基準を設定しているため、そこに課せられるべき制約は成文化できないというものだったのではないか、と私は推測しています。ニーチェは、ゲーテは「自分自身を創造した」比類なき人物であると称賛の言葉を投げかけています（『偶像』「反時代的人間の渉猟《しょうりょう》」四九）。とはいえ、ある種のよこしまな人物が、ゲーテとはほど遠い醜悪な仕方で善悪を超えた行いをしてしまうという可能性もあるのではないか、そう疑わざるをえません。

精神状態の悪化

『アンチキリスト』〔*The Anti-Christ*〕の副題は『あらゆる価値の価値転換』になる予定でしたが、土壇場で『キリスト教に対する呪詛《じゅそ》』へと変更されました。これはおそらく、ニーチェの精神状態が急速に悪化していたためだと思われます。ニーチェの著作のタイトルは往々にして誤解を招くおそれのあるものですが、このタイトルも例外ではありません。原題〔*Der Antichrist*〕は『アンチキリスト教徒』〔*The Anti-Christian*〕と訳すこともできますし、むしろこの方が適切な訳だと思われるのです。というのも、ニーチェはイエス・キリストについてはある程度高く評価しており、その全く容赦のない罵詈雑言はイエスではなく聖パウロに対して向けられているように思われるからです。この作品の第二節は、ニーチェの言う諸価値の価値転換に関する非常に簡潔なまとめになっていると考えることができます。そこでは、力の感覚を高めるものこそがよいのであり、弱さに由来するものはわるいのだと言われます。さらに幸福とは力の活性化、すなわち「力が増大するという感覚」のことだとされます。ここまではよく聞く話かもしれませんが、ニーチェはこれに加えて、「人間愛」の「第一原理」は「弱者や出来損ないどもは滅びるべき」というものであり、どんな悪徳よりも有害なのは「弱者や出来損ないどもへの憐れみ」である、と物議を醸す発言もしています。これはニーチェにおける最大の誇張表現です。ここからも、ニーチェの精神が崩壊寸前の状態にあることが感じられるでしょう。

少なくともニーチェによれば、イエス・キリスト本人は「奇跡を起こす人や救済者」でもなければ、この世を超えた天国が存在するとでっちあげた人物でもありません。彼は「捕吏《ほり》や告発者、ありとあらゆる種類の中傷や嘲笑に直面したとき」(『アンチ』三五)に、人の生き方として手本となるような行い・ふるまいをした人物だとされるのです。彼の「天国」は心理に関するものであり、彼の死はあの世への「架け橋ではない」とされます(『アンチ』三四)。イエス自身、心理的に独特なタイプの人間だったのです。しかし、この「象徴的意義」は、ルサンチマンの心理という火の粉をかぶることになりました。聖パウロ、彼は「福音の使者」としてのイエスとは対極の存在だったのです。まさしく彼こそが、キリスト復活や現世を超えたところにある生といった作り話を仕立てた張本人なのです。その目的は、権力を手にすること、さらに人間存在に一つの意味を与えてその権力を維持することだったとされます。ニーチェは聖パウロを、『道徳の系譜学』

に登場する聖職者タイプの具体的な人物例と考えていました。これに関連して、『アンチキリスト』では、科学こそが真理への道だとする主張もこの上なく明確な形で述べられています。たとえば、聖職者が「知っている大きな危険は一つしかない、それは科学である」（『アンチ』四九）と。ここで重要なのは、宗教のベースには原因と結果に関するずさんな考え方があるというニーチェの見方です。これは『アンチキリスト』だけでなく『偶像の黄昏』にも出てくるテーマです。良心の呵責や罪の意識といった現象には、それらがどのような因果関係から生まれたのかを説明する解釈が与えられていますが、その解釈は間違っているとされます。『この人を見よ』における表現を使うと、罪の意識は「人間の内なる神の声」などではないというわけなのです。

ではこの流れで、『この人を見よ』の話に移ることにしましょう。ここではニーチェが正気を保っていたのかどうかが問題になります。この本は普通では考えられないような自伝です。その章題を見れば、彼の大言壮語っぷりは明らかでしょう。私たちの目に飛び込んでくるのは、「なぜ私はこんなに賢明なのか」、「なぜ私はこんなに利発なのか」、「なぜ私はこんなに良い本を書くのか」、「なぜ私は一個の運命なのか」という章題なのです。こうしたタイトルは、ニーチェの精神状態が悪化しつつあったことを示しているとも捉えられますし、あるいは自伝という営みそのものを風刺しているとも捉えられます。『この人』で展開されている主張の中には、純粋な作り話も見受けられます。たとえばニーチェは、父方はポーランド貴族の家系だと主張しています（ちなみに同書の執筆当時、母・妹とは大変険悪な関係になっていました）。「私は純血のポーランド貴族である。悪しき血は一滴たりとも混じっていない」と述べられているのです（『この人』「賢明」三）。この荒唐無稽な主張についても、二通りの読み方をすることができます。まずはやはり精神異常の現れという可能性です。もう一つは、当時のドイツから距離を置くための修辞的方策という可能性です。というのも、ニーチェはその時期のドイツを文化的に退廃した自国優位思想《ジンゴイズム》の国と見なしていたからです。『この人』においてニーチェはそれまでに刊行した自著の要約をしていますが、これは読者の期待を満足させるようなものではありませんし、そもそもそこで一番多くの紙幅を割いて論じられているのは『ツァラトゥストラはこう語った』です。とはいえ、先に述べたように、ほぼ同時期に書かれた手紙からは誇大妄想の初期症状が感じ取られます。哲学的な側面に関して言うと、『この人』には以前の作品でもおなじみのテーマが存在しているのですが、それを読み取るためには、読者はニーチェの仕事を事前に理解しておく必要があります。

ニーチェの病気が『この人を見よ』という作品にどれだけの影響を与えたかを見定めるのは難しい注文だと思います。そもそもこの作品のタイトル「この人を見よ〔エッケ・ホモ〕」は、ローマ帝国のユダヤ属州総督ポンテオ・ピラトが、十字架にかけられる前のキリストが茨の冠を被せられた様を目にした直後に宣言したとされる言葉で、歴史上、その題を冠した芸術作品がたくさん制作されてきました。ニーチェにとってこのタイトルは、キリスト教において理想とされる禁欲主義的なタイプの人間と、ニーチェがその代替と考えるディオニュソスとの対比にかけたものでした。同書は「私はわかってもらえただろうか？ ――十字架にかけられた者　対　ディオニュソス」（『この人』「運命」九）という一文で締めくくられているのです。ニーチェは、自分がなぜ運命的な人間なのかを語る際に、自らの「不道徳主義」の何たるかを説明することでこの対比を詳しく論じています。彼が否定したのは、慈悲深く慈愛に満ちた人間の抱く理想、および禁欲主義的なキリスト教道徳です。これについては本書のあちこちですでに考察してきました。そのような道徳によって「末人」、つまり穏やかな安らぎや苦しみからの解放に高い価値を置くタイプの人間が助長されてしまう、という考え方をニーチェは繰り返し提示しています。そうしたタイプの人間は、「真理、そして未来を犠牲にしてまで自らの生をつらぬく」（『この人』「運命」四）とニーチェは言うのです。ディオニュソスへの言及、それとこの指摘も『悲劇の誕生』の呼び戻しと捉えられます。求められているのは、「あらゆる恐ろしいもの、不可解なもの」を含め「現実をあるがままに構想する」タイプの人間なのです（『この人』「運命」五）。『悲劇の誕生』は、生存のひどく恐ろしい性格に立ち向かうことを私たちに要求していました。ただし、悲劇という美学上の観点を通してそれに立ち向かうことを。それに対してここでシンプルにニーチェは、本当にあるがままの現実を把握しながらもそれを肯定できるだけの強さを持った人物という面から考えを展開しているように思われます。

しかし、この本の副題についてはどうでしょうか？　いかにして人は現にあるところのものになるのでしょうか？　このトピックは『善悪の彼岸』を扱った章でも取り上げましたが、『この人を見よ』ではこの基本テーゼに少し補足が加えられており、いかにしてニーチェが現にあるところの自分自身になったのかが説明されています。ニーチェは自らのことをデカダンであると表現し、特に自分の身体的な病気の点からそうだと述べています。けれども、ほかならぬその病こそがニーチェに精神的な健康への意志を与えたため、彼はデカダンとは正反対の存在になることができたとされます。そのおかげでニーチェは自らの観点を変化させることができ、彼のワーグナー／ショーペンハウアー期のニヒリズムから、より肯定的な哲学へと移行することができたのです。ニーチェは、「なぜ私はこんなに利発なのか」第九節において、「いかにして人は現にあるところのものになるのか」を一般的な形で記述しようとしています。しかしながら、「こうすればよい」という手引きがあるのではないかと読み進めたとしても、期待を裏切られてしまうことになるでしょう。その中心思想《ライトモチーフ》は、無意識のレベルで働く、組織化の作用を持った衝動が不可欠であり、「人は現にあるところのものになるために、自分が現にどんなものであるかをいささかも勘づいていないのでなければならない」（『この人』「利発」九）というものです。自分自身を誤解したままの意識状態では、本能が阻害されるおそれがあるため、その誤解は意識から取り除かれる必要があるのです。この「組織化」の理念の中心にあるのは利己心であり、それが自らの向かう方へとほかの衝動を強引に向かわせられるかどうかが問題なのだと思われます。したがって、いくつか前の章で提唱したように、自己創造は、その字面が与える印象とは異なり、むしろ運や運命の問題なのです。ニーチェの人生は、彼自身が示している通り、幸運と不運の連続でしたが、そのおかげで最終的にはその本性が花開くための適切な条件がもたらされたのです。おそらくニーチェが本当に表現したかったのは、先ほどの引用文の次節で彼が用いている、「人間の偉大さを表す決まったフレーズ」だったのでしょう。つまり「未来に向かっても過去に向かっても、永遠全体に渡って、一切がそのまま、別様であってくれるなと欲するということ。必然的なことを単に耐え忍ぶのではなく、ましてや隠蔽するのではなく――いかなる理想主義も必然的なことの前では嘘偽りにすぎない――、それを愛するということ」。この文章を書いたわずか数週間後、ニーチェは理性的に考える力を失う運命にあるのですが、この姿勢がそれ以降も彼の中に生き長らえていれば、と願うばかりです。

第8章
ニーチェの遺産

ニーチェの遺産について書くのは、なかなか難しいことです。序文で出した論点の繰り返しになりますが、ニーチェの著述は一筋縄ではいきませんが、強い魅力を備えています。ニーチェの著作が様々な仕方で、またときには互いに全く相容れない仕方で読解されてきた——そしてしばしば誤読されてきた——のは、それが理由です。それどころか、いくつかのケースについて言うならば、「読解されてきた」という言葉では強すぎます。「都合の良いところだけ取り上げられてきた」と言った方がぴったりでしょう。ニーチェは自分が誤解されてしまうことを予期していました。『この人を見よ』の締めくくりとなる三つの節がそれぞれ「私はわかってもらえただろうか？」という問いで始まっているのはなぜか、その理由はこれで説明がつくかもしれません。

ということで、ニーチェは、彼の文章の翻訳がなされた言語のすべてで、また彼の著作が出版された国のほぼすべてにおいて、繰り返し誤解されてきたという歴史があります。二〇世紀初頭の日本では、ニーチェの考え方が議論の対象になっていました。当時、ニーチェの著作の日本語訳はなかったのにもかかわらず、です。南米のウルグアイでは、一九〇〇年、エッセイストのホセ・ロドーが、『アリエル』というエッセイの中で超人を否認しました。一方ペルーでは、一九二八年、哲学者ホセ・マリアテギがニーチェをマルクス主義的英雄にしてしまいました。中国でニーチェ思想に関心が持たれ始めたのは、日本とだいたい同時期でしたが、結局、共産主義者が権力の座に就いたときに検閲の対象とされてしまいました。一九〇二年、イギリスの劇作家ジョージ・バーナード・ショーによって戯曲『人と超人』が執筆され、超人とドン・ファンが舞台上で引き合わされることになりました。それよりずいぶん後になりますが、一九七〇年代のフランスで、真理や解釈に関するニーチェの発言の一部をもとにした、「ニュー・ニーチェ」と呼ばれる代物がたくましい想像力によって紡ぎ出されました。「ニュー・ニーチェ」というのは、事実・心理・経験についてニーチェが繰り返し述べている事柄を言葉通りにとることに、断固として反対しているようです。フランスの哲学者サラ・コフマンは、自身のニーチェ読解を中心に据えながら、そこにフロイトやフェミニズムを結びつけた本を数冊著しました。ホロコーストを生き延び、ニーチェを反ユダヤ主義という非難に抗して擁護した人物であるコフマンは、ニーチェの著作を「ニュー・ニーチェ」の基本線に従い、かなりプライベートな見方で読解しました。妙な話ではありますが、彼女はニーチェ生誕一五〇周年のその日に自害してしまいました。

アメリカでは、保守批評家のアラン・ブルームが「ニーチェはいかにしてアメリカを征服したか」という題の論文を発表しました。同論文でブルームは、ニーチェは簡単には理解できないと認めながらも、ニーチェに「価値相対主義」とブルームが呼ぶもの――ほかの価値観よりもよい価値観などないというのが、そのだいたいの趣旨です――の濡れ衣を着せ、「非アメリカ的な考えがアメリカに根づいた」ことを嘆いています。最近の話で言うと、心理学者のスティーブン・ピンカーは、啓蒙思想を、目を見張るほど、ものの見事に誤解してみせました。彼は、ニーチェが啓蒙運動とその影響をきちんと理解していたということもわかっていませんでした。それどころか、ピンカーは、ニーチェは思いやりや良心が欠落した人生を推奨していた、という解釈を選好したのです。別の心理学者も見てみましょう。ジョーダン・ピーターソンは左派に対する反対運動をする中で、ニーチェの内にインスピレーションを見出したのですが、それでもなお、どういうわけかキリスト教の価値観を称揚しています。

ニーチェの著作が非常に異なった価値観や傾向性を備えた人々に与えた影響については、ほとんど際限なく延々と語り続けることもできますが、これがニーチェの遺産だというのなら、先に述べたように、それは誤解されているということになります。ニーチェにふさわしいのは、その簡潔でありながら含蓄に富んだ引用文に訴えて、彼を、誰かほかの人のプロジェクトにとっての広告塔あるいは目の敵にしてしまうような試みではありません。ニーチェにふさわしいのは、ニーチェをニーチェ自身の言葉で理解しようとする努力です——ありがたいことに、この努力はいままさに行われているところです。ニーチェは自らの著述から生じる危険性を自覚していましたが、それは必ずしも自分のせいではないと主張していました。ニーチェ曰く、現代人には、ニーチェ理解のために必要不可欠な特性、牛に備わった特性が一つ欠けているのです——反芻《はんすう》が。

出典

『悲劇の誕生』―― *The Birth of Tragedy and Other Writings*, ed. Geuss and Spiers, Cambridge, 1999.
『反時代的考察』―― *Untimely Meditations*, ed. Breazeale, Cambridge, 1997.
『人間的、あまりに人間的』―― *Human, All Too Human*, ed. Hollingdale and Schacht, Cambridge, 1986.
『曙光』―― *Daybreak*, ed. Clark and Leiter, Cambridge, 1997.
『愉しい学問』―― *The Gay Science*, ed. Williams, Cambridge, 2001.
『ツァラトゥストラはこう語った』―― *Thus Spoke Zarathustra*, ed. Pippin and Del Caro, Cambridge, 2006.
『善悪の彼岸』―― *Beyond Good and Evil*, ed. Horstmann and Norman, Cambridge, 2002.
『道徳の系譜学』―― *On the Genealogy of Morality*, ed. Clark and Swensen, Hackett, 1998.
『偶像の黄昏』―― *Twilight of the Idols*, ed. Ridley and Norman, Cambridge, 2005.
『アンチキリスト』―― *The Anti-Christ*, ed. Ridley and Norman, Cambridge, 2005.
『この人を見よ』―― *Ecce Homo*, ed. Ridley and Norman, Cambridge, 2005.
『力への意志』―― *The Will to Power*, ed. Kaufmann, Vintage, 1968.

読書案内

ニーチェについて書かれた本は非常にたくさんあるため、どこから手をつければいいかわからないものですが、伝記的な研究書が二冊おすすめとして挙げられます。ジュリアン・ヤング〔Julian Young〕著の伝記、『ニーチェ——哲学的伝記』〔*Nietzsche: A Philosophical Biography*〕（Cambridge, 2010）は、大著ではありますが、とても読みやすく、学問分野としての哲学になじみの薄い方々に対してもそれほど多くのことは要求されていません。レズリー・チェンバレン〔Lesley Chamberlain〕『トリノのニーチェ』〔*Nietzsche in Turin*〕（Quarter, 1996）は、ニーチェが正気だった最後の年をとても魅力的に記述した伝記です。

ニーチェ哲学の解釈は非常にたくさんあります。しかし、その多くのクオリティは疑わしいと言わざるをえません。本書の出典の箇所で挙げたニーチェの英訳書それぞれに付されている導入部は、概して、かなり優れています。ただし、中には、非専門家にとってはハードルが高いものもあるかもしれません。ロバート・ソロモン&キャスリーン・ヒギンズ〔Robert Solomon & Kathleen Higgins〕『ニーチェが本当に言ったこと』〔*What Nietzsche Really Said*〕(Schocken, 2000) は、そのタイトルに見合っていませんが（そんなことができる本はほとんどないでしょう）、読みやすく、そこまで誤解を招くものでもありません。第一級のニーチェ研究がどのようなものであるかを見てみたい読者にとって、ジームズ&リチャードソン〔Gemes & Richardson〕共編著『オックスフォード・ハンドブック・オブ・ニーチェ』〔*The Oxford Handbook of Nietzsche*〕(Oxford, 2013) 以上に優れたものはないでしょう。

訳者解説

著者紹介

著者のピーター・ケイルは、ケンブリッジ大学で哲学の博士号を取得し、現在はオックスフォード大学哲学科の准教授兼オフィシャル・フェロー・アンド・チューターを務めています。専門は哲学史で、特にニーチェやヒュームの哲学に関する研究者として国際的に著名な人物です。著書に *Projection and Realism in Hume's Philosophy*（Oxford, 2007）、共編著に *Nietzsche on Mind and Nature*（Oxford, 2015）などがありますが、日本語に訳されるのは本書『わかる！ ニーチェ』（原題：*Simply Nietzsche*）が初めてになります。彼はまた国際ニーチェ研究学会（The International Society for Nietzsche Studies）創設メンバーの一人で、大会実行委員会の一員としても活動しています。

本書の特徴

二〇一九年に刊行された原書の *Simply Nietzsche* は Simply Charly 社の「Great Lives」シリーズの一冊です。このシリーズは哲学・文学・音楽・科学などにおける世界の偉人を題材に、その専門家・研究者が一般読者向けに書いた入門書シリーズで、すでに三十冊以上が刊行されています。ちなみに哲学の領域ではニーチェのほかに、デカルト、ヘーゲル、ヴィトゲンシュタインなどがあります。

このことからもわかるように、本書のターゲット読者層は基本的に一般読者です。とはいえ、巷にあふれる安易なニーチェ入門書と一緒にしてもらっては困ります。この本の最大の特徴は、英語圏を中心として近年特に盛んになっている、「分析系」と称される明晰で精密な議論を重視したスタイルによるニーチェ哲学研究での最先端の議論状況、その成果が多く反映されているという点です。一言でいえば、ニーチェ哲学に関しては、おそらくいま最も学術的に信頼できる入門書なのです。

そうした最前線の議論が本書のどこにどんな形で見られるかをここで逐一指摘することはスペ

ースの都合上避けますが、特に重要なトピックについて手短に二つだけ紹介しておきましょう。

一つ目は「自然主義」です。読者の中にはニーチェ入門書、そればかりかニーチェの研究書もたくさん読んだことのある人もいるかと思いますが、このキーワードはそこでほぼ目にすることがなかったでしょう。ですが、実はここ数十年の世界的なニーチェ哲学研究で最も議論されてきているのが、まさしくこの自然主義なのです。ケイル自身の言葉で言うと、哲学において一般的に自然主義は「真正な知を私たちにもたらすのは科学だけであり、それゆえ哲学的問題も科学の精神で取り組まれるべきだと主張」し、「人間は自然界のほかのものと種を異にするものではない」とします（五四頁）。そして自然主義者である中期以降の「ニーチェは、〔プラトンやカントのように〕形而上学的な体系を構築することではなく、哲学体系の構築者を含む人間の信念や行動を理解することで哲学に取り組もう」としたのだとされます（一三七頁）。言ってしまえば、科学と哲学を緊密に結びつけるのが自然主義という立場で、ニーチェはその意味で自然主義者だというわけです。

では一体なぜこの自然主義がニーチェ理解で重要なのかというと、これは従来の定石だったポストモダン風の懐疑主義的なニーチェ読解と真っ向から対立し、それを覆すものだからです。つまりケイルは、「事実など存在しない、ただ解釈があるのみだ」（『意志』四八一）という遺稿の中の言葉に基づく、一般にきわめてよく知られたポストモダン的なニーチェ理解を俗説として明確に否定しているのです。科学的事実を重視する自然主義者としてのニーチェ対そもそも事実の存在を否認する懐疑主義者としてのニーチェ。現在この構図で、後者の支持者は（いわゆる分析系）ニーチェ研究者の中では少数派であり、前者の自然主義的読解こそがいまのスタンダードという議論状況になっています。この点で、ケイルは現在の標準的なニーチェ理解を私たちに示してくれていると言えるでしょう。なおこの読解を普及させた立役者はシカゴ大学ロースクール教授ブライアン・ライターです。

二つ目は「力への意志」です。このトピックに関してケイルが主に下敷きにしているのは、ブラウン大学哲学科教授バーナード・レジンスターによる非常に有力な解釈です。それは一言で言うと、力への意志は「抵抗を克服する活動への欲求」だという理解の仕方です。ケイルはこれを、ギターや料理の上達を目指す不断の営みという日常的な具体例を用いて説明しています。つまり、ある程度まで上手になったらその状態でストップするわけではなく、もっとレベルの高い曲やレシピなど「どんどん難しくなる数々の課題に挑戦し続け、克服するという活動」（二一四頁）が肝心なのです。力への意志はこのように障害を乗り越えて向上を目指す継続的な活動においてこそ発揮されるというわけです。

なお力への意志と聞くと、こうした人間の行いを理解するためのものにとどまらず、この世界全体の根本原理というイメージを持つ人もいるかもしれませんが、ケイルはそうしたよくある大げさな解釈を否定しています。たしかにニーチェはそうした主張をしていることもあります。しかしそれが登場するのは基本的には『力への意志』であり、いまや研究者の間では常識となっているように、この書物はニーチェの「妹エリーザベトが兄の未発表のノートから作り上げた代物」（二五九頁）にすぎませんし、そうした主張が公刊著作において主要な地位を占めているわけでもありません。そのため、ニーチェは、あらゆる物体に関わる世界の原理としての力への意志という構想は放棄したと考えるのが妥当なのです。

さて、では本書は重要な先行研究をただまとめただけのものかというと、そうではありません。ケイルは以上のような議論状況を踏まえたうえで、彼独自の「超人」解釈を示しているのです。すなわち「超人とは、ほかのあらゆる衝動を支配下に置いて従属させるような、何らかの包括的な衝動や目標を持った個人」（二一五頁）だというのです。ここで鍵となるのは、「ニーチェにとっての自己は衝動の集まり」（六四頁）だというケイルの指摘です。自己が衝動の集まりであるならば、自己超克をする超人は、自らを構成する衝動を超克する者だということになるのです。そしてケイルによると、ニーチェはこの衝動という観念について当時の生物学から学んだうえで、衝動は力への意志を表しているとしました。ここで、衝動の超克というのが、先ほどの力への意志解釈における抵抗の克服の一種として理解できるのです。衝動は互いに命令・服従の関係にあり、それぞれの衝動は別の衝動に打ち勝って支配者の座に就こうと闘争しているというわけです（たとえば音楽と料理を究めたいという衝動同士の争い）。こうしてツァラトゥストラが教え説くように、自己を超克する超人は「ほかのすべての衝動をただ一つの方向に集中させるただ一つの支配的な衝動」（二一三頁）、すなわち「ただ一つの目標を目指す一つの包括的な衝動」（二一五頁）を持つような者だということになるのです。

ただ、本書におけるこのようなケイルの解釈はもちろん完全無欠などというわけはなく、彼のニーチェ論に論理的に不整合なところはないか、それは本当にほかならぬニーチェの解釈として妥当かどうかなど検討の余地はあります。しかしながら、この本がニーチェ入門書として非常に優れたものであるのは間違いありません。その証拠に、本書は多くのニーチェ研究者たちからとびきり高い評価を得ているのです。最後に、原書に寄せられた数多くの賛辞の言葉をいくつか抜粋しておきましょう。

▼ 米・シカゴ大学ロースクール教授ブライアン・ライター評

「本書は、英語・ドイツ語・フランス語で書かれたニーチェ入門書の内で最良のものですし、次の三点からもベストだと言えます。第一に、まぎれもなく入門的ですが浅薄ではありません。第二に、優れた哲学的見識が反映されています。第三に、いくつかの厄介な解釈問題について、興味深く、説得力のある仮説が明確に打ち立てられています。書き振りも一貫して明快で、惹きつけられる文章です」

▼ 英・ウォーリック大学哲学科名誉教授キース・アンセル＝ピアソン評

「ピーター・ケイルは、ニーチェの目覚ましい著作群への知的で刺激的な短い案内書を書き上げました。何より素晴らしいのは、彼がこの唯一無二の天才哲学者をアカデミックな哲学にありがちなひどく退屈な型にはめ込んでしまっていない点です。むしろ、深遠な心理学者でありながら卓越した書き手でもあるニーチェが燦然《さんぜん》と輝いた姿を見せているのです」

▼米・ボストン大学哲学科教授ポール・カツァファーナス評

「ケイルの『わかる！　ニーチェ』は、ニーチェの作品群において中心的な諸テーマに関するクリアかつ素晴らしく簡潔な概観を示してくれています。非常にとっつきやすい本で、生き生きとした会話的な文体で書かれています。学生にとって申し分のない手引きとなることでしょう」

日本の読者のための文献案内

本書を読めばニーチェ哲学の骨格がわかります。とはいえ、当然ながら、この一冊でその頭の先から足の先まですべてがわかるようになるわけではありません。あくまでも入門書である以上、扱える範囲と深さには限界があるのです。また大切なのは、ケイルの解釈をすべて唯々諾々と受け入れて満足するのではなく、ほかのニーチェ研究者による読解も参考にしながら、それが妥当なのかどうかを繰り返し自分で吟味していくことでしょう。そこで、本書で示されたニーチェ哲学の概要に肉づけをするため、そして読者自らがニーチェのテクストを反芻《はんすう》して考えるための次のステップとなるように、以下におすすめの文献を挙げます（ハードルの高い外国語文献は省き、邦語・邦訳文献に絞ってご紹介します）。

まずは**ニーチェの著作**です。もちろん本書を読んで興味が湧いた作品を手に取るというので特に問題はありませんが、重要度と読みやすさの点で最初の一歩としておすすめなのは後期著作の**『道徳の系譜学』**と**『偶像の黄昏』**です。前者はニーチェの自然主義に関する最重要著作です。論文形式のため比較的読みやすいでしょう。後者はケイルが「おそらくこの本こそが成熟期のニーチェ哲学のエッセンスを一番よくまとめた作品」（一八六頁）と述べているように、コンパクトながら得られるものの多い著作です。翻訳の選び方ですが、ニーチェの翻訳書は種類が多く、特に文章の硬さにそれぞれの個性があるため、さしあたりはお好みの文体のものを選ぶのがいいと思います。自分の趣味嗜好に合った調子で訳されたものに出会えると、何度も繰り返し読み味わうという肝心の反芻《はんすう》も楽しみになるでしょう。

次に、**ニーチェ哲学に関する参考文献**をとっつきやすい順に紹介します。

1. 大戸雄真「分析哲学的なスタイルでニーチェを解釈する――21世紀のニーチェ研究最前線（前編）」、『じんぶん堂』、二〇二二年、https://book.asahi.com/jinbun/article/14549126（二〇二三年五月五日閲覧）。

2. 大戸雄真「自然主義者としてのニーチェ――21世紀のニーチェ研究最前線（後編）」、『じんぶん堂』、二〇二二年、https://book.asahi.com/jinbun/article/14549139（二〇二三年五月五日閲覧）。

この二つのネット記事は後で挙げるブライアン・ライターの訳書を簡潔に紹介するためのものですが、現代の分析哲学を背景にした研究スタイルや本書にも登場した自然主義などについて手軽に学べます。一般読者向けにやさしい言葉遣いで書かれているので読みやすいと思います。無料。

3. 大戸雄真「分析系ニーチェ研究への招待――難解なニーチェ哲学をクリアに解釈する」『フィルカル』第五巻第一号、二〇二〇年、三三六―三八七頁。

連続で拙稿となり恐縮ですが、ケイルやライターが用いるような分析的スタイルによるニーチェ研究などについてかなり詳しく解説した入門記事です。特に自分でニーチェ研究を始めたいと思っている方におすすめです。

4. 「特集　分析的ニーチェ研究」『フィルカル』第七巻第二号、二〇二二年。

本特集には以下の四つの論考が所収されており、どれも刺激的で読み応えがあります。飯田隆「分析哲学とニーチェ」、竹内綱史「ニーチェ哲学の「分析系」解釈について」、梅田孝太「ひとはいかにして本来のおのれを語りうるのか——分析哲学的ニーチェ解釈と歴史的観点との接続」、谷山弘太「「歴史」の問題——ニーチェ『人間的、あまりに人間的』における形而上学批判」。

5. ブライアン・ライター『ニーチェの道徳哲学と自然主義——『道徳の系譜学』を読み解く』大戸雄真訳、春秋社、二〇二二年。

6. バーナード・レジンスター『生の肯定——ニーチェによるニヒリズムの克服』岡村俊史+竹内綱史+新名隆志訳、法政大学出版局、二〇二〇年。

この二つの訳書は本解説でも言及した世界的なニーチェ研究者の主著です。もちろん専門書のためレベルも上がります。しかしそれぞれの解釈の中核部分は本書で踏襲されているため、なじみやすいと思います。ぜひチャレンジしてみてはいかがでしょうか？

7. 杉田弘子『漱石の『猫』とニーチェ——稀代の哲学者に震撼した近代日本の知性たち』、白水社、二〇一〇年。

最後に、せっかく本書第八章で日本におけるニーチェ受容が触れられているのですから、それに関する文献を紹介しない手はないでしょう。そこで言われている「二〇世紀初頭の日本」でのニーチェをめぐる議論というのは、文芸評論家の高山樗牛《ちょぎゅう》による評論「美的生活を論ず」に端を発し、坪内逍遥らを巻き込んで文壇の一大論争となった、明治三〇年代半ばのいわゆる「美的生活論争」のことです。この本では、そうしたニーチェ論議を含む日本における初期のニーチェ受容が詳細に論じられています。

二〇二三年五月

大戸雄真

訳者あとがき

本書の翻訳プロジェクトは、大戸による春秋社への企画持ち込みをきっかけにスタートしました。その動機は、ライターの訳書の前段階として手軽に読めてしかも学術的に信頼できるニーチェ哲学の入門書があれば、より幅広い読者層にリーチできるのではないかと考えたからです。世間にはびこるポストモダン風のニーチェ理解を実際に刷新して自然主義的なニーチェ読解を普及させるためには、おそらくライター本だけでは足りません。それを実現するためには、研究者や哲学科の学生に限らず、一般読者でも親しみやすい入門レベルの本が必要でしょう。本書がニーチェ哲学入門の決定版となり、現在のスタンダードなニーチェ解釈の一つとして受け入れられることを心より願っています。

さて、当初は大戸一人で翻訳に取り組んでいましたが、途中から太田さんが共訳者として本プロジェクトに加わりました。翻訳の進め方は、大戸が全体の下訳を作り、それをオンラインの定期検討会で二人でチェックするという形で行われました。このプロセスのおかげで、訳文の精度は一段と高くなったはずです。先ほど述べたように、本書のターゲット読者層としては基本的に一般読者が想定されているため、翻訳にあたっては、できるだけ親しみやすい文体になるよう心掛けました。その一例が、引用文以外のケイルの文章に敬体を使用したことですが、ほかに工夫した点としては、具体例で使われている名前（原書では「Fred」と「Mabel」）をそれぞれ日本で一般的によく耳にする名前、「フミオ」と「マサミ」に変更したというものもあります。

装丁についても触れましょう。そこで使用されているイラストは太田さんがＡＩ生成したものです。その詳細は太田さんの方のあとがきをご参照ください。ちなみに原書の表紙イラストもコミック調で非常にインパクトが強いため、ぜひ原書もネットで検索してみてください。

最後に、ライターの訳書に続いて本書の編集をご担当いただいた小林公二さん、ならびに編集の荒木駿さん、そして本訳書の出版企画を承諾してくださった春秋社のみなさんに深く感謝申し上げます。

二〇二三年五月

大戸雄真

まず何より、この企画を僕に持ちかけ、また全行程を通じて辛抱強く作業をリードしてくださった大戸さん、そして春秋社編集の小林さんと荒木さんに深謝する。実際の仕事量の違いを示すことなく名前を並べていただくのには気後れするほどに、共訳者としての僕の貢献はささやかなものだが、それでも、英語の語彙・文法のニュアンス、また議論の厳密な内容や流れがつかみづらい点などで、誠実で適切な訳を彫り上げる助けになるような追加の視点を提供することはできたのではないかと思う。

翻訳というのは、実際問題として相当な時間と労力を要求する仕事であるほかに、それ自体、いろいろな哲学的問題を考えるきっかけを孕《はら》む知的に肥沃《ひよく》な営みでもある。「解釈」、「視点」、「コミュニケーション」、そして立ち位置や構え方というような意味での「スタイル」がしばしば問題となるニーチェの哲学を解説する本の翻訳となるとなおさらだ。詩とは翻訳において失われるところのものであると言ったのはロバート・フロストだが、この「詩」とは一体何なのか。ある文章の訳が複数提示された場合、それらを「正しい」ものと「誤った」ものとに選り分けることはできるのか。そうするとき、どのような訳を「正しい」「誤った」としているのか、するべきなのか——翻訳に関する様々な「メタな」自問が作業中ことあるごとに意識に上ってきた。

こうした問題群に対する僕自身の感覚や思考は、翻訳対象である文章からすると「余計」なものであり、ケイルの文章の訳者としては訳文に混入させてはいけないものだろう。しかし、ニーチェの哲学を考える――あるいはニーチェの考えたように哲学しようと試みる――一人の哲学者としては、たとえ手元の具体的な仕事に集中する際にも、このような反省を忘れてしまわないことが肝心であると思う。というのも、ニーチェの思考と文章のスタイルの際立った特徴として、多種多様な観点を、特に目まぐるしいほど俊敏に行き来し、鮮烈に編み合わせることによって、物事をきわめて動的・立体的に描き出す（ある意味映画的な）テクニックが挙げられるからだ。

読者の方々にも、本書を読み、そしてさらにニーチェの著作に進むにあたって、このようにニーチェに「倣《なら》って」考えることを勧めたい。『わかる！　ニーチェ』（原題：*Simply Nietzsche*）という書名の本のあとがきで言うのもなんだが、ニーチェは、入門書どころか、本人の著作であっても、読んで書かれていることを受動的に理解すれば「わかる」ような「単純な」哲学者ではない。ニーチェに関するものであれ、ニーチェ本人によるものであれ、自分が手にした文章を、様々な角度から、様々な見方をつねに想像しつつ精査するという大変な仕事が要求されるのだ。そうでなければ、ニーチェ本人も、著作内で読者に「私はわかってもらえただろうか？」と挑戦的、挑発的に繰り返し問いかけはしなかっただろう。

ニーチェの遺稿には「数多の種類の眼が存在し〔……〕したがって数多の種類の『真理』が存在する」という一節がある（『力への意志』五四〇）。この節をどのように解釈するべきか（あるいは非公刊の手稿として深掘りに値しないとするか）、本書読了後の「試験問題」として考えてみるのもおもしろいかもしれない。ケイルの文章は明快で、(ゼミや講義での彼と同様)その語り口は学術的ながら堅苦しくなく、また本書ではニーチェが世に問うた著作は一通り概観されているので、書かれていることをとりあえず理解して、一つまとまったニーチェ像を心に抱くことは特別難しくはないだろう。しかし、これは同時に、ケイルの観点の特殊性――そこから何が良く見え、何が後景に退き、何がこぼれ落ちているのか――が際立って見えてきづらいということでもある。繰り返すが、しかし、一つの場所にとどまらず、いくつもの眼で物事を直視し続けるということが、ニーチェの哲学の核心にある行為なのだ。

見方によってニーチェもいろいろな顔を見せるから、というわけではないが、本書の表紙に使用されているイラストは、テキストによるプロンプト(キーワード)から画像を生成するAIプログラム「Midjourney」を用いて作成した。(同プログラムの有料プラン購読者は、ごく一部の例外的な場合を除き、生成した画像を商用を含め自由に使用することができる。)「フリードリヒ・ニーチェ」という名前のほか、「日本のマンガ風の線画」「風刺画的に誇張して、しかし非常に写実的に」「キャラデザインコンセプト資料シート」などのキーワードを様々に組み合わせて数百枚ほど生成した中から選んだものである。この作業は、言葉の数や正確さに応じて意図した画像が作れるというものでもなく、感覚としては、途方もない数のいろいろなものが詰まった不透明な箱の中から手探りで一握りつかみ取って、出てきたものを見てみる、というのに近かった。人間の心理の意識に上らない部分の働きを鋭く洞察したニーチェも興味を持つかもしれない哲学的問題がここでもいくつか示唆されたが、いつかどこかでそれについて書く機会もあればよいと思う。

二〇二三年五月　ロンドン

太田勇希

ホムンクルスの誤謬　64-65, 151
ホメロス　30

ま行

マーラー，グスタフ　102
末人《まつじん》　107, 116, 189, 195
マリアテギ，ホセ　200
マルクス主義　200
ミダス王　28
民主主義　190
無私　57-59, 62, 89-90, 117, 134, 177, 190
無神論　85, 88-90, 178
モーツァルト　12-13
物自体　25, 53
モンテーニュ，ミシェル・ド　53

や行

ヤング，ジュリアン　13, 104, 205
ユング，カール・グスタフ　102

ら行

楽観主義、楽観、楽天　34-35, 39, 52, 129, 180
ラ・ロシュフコー，フランソワ・ド　53
ランゲ，フリードリヒ　54
利己心、自己利益　62, 66, 177, 190, 196
利他、非利己的　59, 67
リチャードソン，ジョン　206
リッチュル，フリードリヒ　8
リドリー，エイアロン　31
リベラル　17, 91, 104, 169
良心　63, 78, 86, 162, 164, 166-72, 181, 187, 193, 201
リルケ，ライナー・マリア　10
ルサンチマン　171-72, 174-75, 187, 190, 192
レー，ゲオルク　104
レー，パウル　10, 54-55, 58, 104-05
レオポルド，ネイサン　15-17
歴史　43-45, 56, 58, 77, 85-86, 130, 144, 163, 172, 194, 200
レジャー，ヒース　14
ローブ，リチャード　15-17
ロドー，ホセ　200
ロマン主義　52, 66

わ行

ワーグナー，コジマ　8, 33
ワーグナー，リヒャルト　8-9, 11, 24, 27, 31-37, 41-43, 45, 48, 52, 105, 126, 184-85, 196

20, 133, 163, 167, 170–71, 173–75, 182, 189–90
ドン・ファン　200

な行

ナチ党、国家社会主義　16–18, 102
ニーチェ，カール・ルートヴィヒ、父　7, 193
ニーチェ，フランツィスカ、母　7, 11–13, 194
ニーチェ，ヨーゼフ、弟　7
ニヒリズム　39–40, 124, 181, 187, 196
日本　200
ニュー・ニーチェ　200
人間本性　54, 56, 63, 107–08, 117, 137, 174–75, 188
ネーゲル，トマス　143

は行

パースペクティヴィズム　138, 144
ハイデガー，マルティン　20
反芻《はんすう》　18, 20, 202
反ユダヤ主義　13, 16, 200
反リベラル　46
ピーターソン，ジョーダン　201
ヒギンズ，キャスリーン　206
皮相　38, 77, 93
ヒトラー　16
ヒューム，デイヴィッド　93
病気、病　9, 12, 15, 40–41, 63, 134, 153, 156, 161, 168–70, 175, 180, 188, 194, 196
ピラト，ポンテオ　194
ピンカー，スティーブン　201
ファシズム、ファシスト　17–18
フェミニズム、（ニーチェの）女性観　104, 200
フェルスター＝ニーチェ，エリーザベト、妹　7, 10–11, 13, 16, 20, 104–05, 125, 159, 184, 194
物理学　97, 99, 143
ブラームス，ヨハネス　48
プラトン　56, 136, 147, 179
フランクス，ボビー　11–12
ブランデス，ゲーオア　183–84
フリッカ　105
ブルーム，アラン　201
ブルックス，メル　15
フロイト，ジークムント　10, 188, 200
文化　14, 27–28, 33, 35, 37–39, 41–42, 45–47, 62–63, 88, 147, 172, 182, 185, 187, 194
文献学　7–9, 53, 77, 158
ヘーゲル　46
ペシミズム　26–28, 33, 37–39, 78
ポストモダン　17

ジョーカー　14
ショーペンハウアー，アルトゥール　8-9, 24-29, 31-33, 35-37, 39, 45-46, 52-55, 77, 90-91, 120, 145, 196
シレノス　27-28
真理、真実　17-18, 27-28, 30-31, 38-40, 67, 78, 96, 125, 129-30, 135-36, 138-39, 144, 178-81, 189, 193, 195, 200
心理学　55, 58, 64, 109, 113, 137, 158, 182, 201
真理の価値　39
真理への意志　178-80
様式《スタイル》を与える、様式《スタイル》のある　94-100, 149-50, 154
スピノザ，バールーフ　19
聖職者　172-75, 177, 193
聖パウロ　191-93
生物学　60, 64, 109-11, 113
生理　15, 54, 64, 99, 109
ソクラテス　34-35, 38, 52-53, 186-87
ソポクレス　28
ソロモン，ロバート　206

た行

ダーウィン　56
大成、生長、花開く　47, 66, 109, 190, 197
チェンバレン，レズリー　205
力への意志、力の感覚　15, 108-11, 113-17, 119-21, 157-59, 167, 173, 176-77, 188, 192
『力への意志』　13, 125, 159, 183
超克、克服、乗り越える　62, 107-09, 111, 114, 116-17, 121, 123, 127, 131, 134, 137, 151, 153, 156-57, 181
超人　15, 106-08, 111, 115-16, 124, 127, 133, 200
ツァラトゥストラ　76, 79, 102, 104-09, 112-13, 116-17, 119, 122-24, 126-27, 154, 181
罪、罪悪感、原罪　61, 89, 125, 162, 164-65, 169, 175, 179, 193
ディオニュソス　12, 28-32, 34, 36, 39, 127, 194-95
デカダン、デカダンス　185, 187, 196
デュヴァル，シェリー　118
ドイッセン，パウル　101
同情、憐れみ、憐憫　11, 89-91, 119-21, 124, 192
道徳　15, 20, 30, 38, 46, 55-63, 67-71, 73, 91, 93, 98, 112-13, 117, 119, 122, 130, 132-36, 158, 161-64, 166, 170-79, 182, 187-90, 195
奴隷、奴隷一揆、奴隷道徳　15,

116-17, 119, 125-27, 130, 137, 163, 177-79, 187-88, 191, 194-95, 201
金髪の猛獣　16
禁欲主義　38, 57, 59, 61, 90, 162, 169, 175-81, 194-95
苦しみ、苦痛、苦悩、痛み　27, 30, 35, 38, 40, 79, 89, 107, 111, 117-19, 122-23, 125-26, 145, 165, 167-68, 170-72, 174-75, 180-81, 187, 195
芸術、芸術家　27, 29-30, 32-33, 36-37, 39, 42, 44, 46, 48, 56, 77, 94-97, 176, 187, 194
ケーゼリッツ，ハインリヒ　12-13
ゲーテ　191
健康　9-10, 12, 44, 47, 63, 87, 110, 134, 188-89, 196
現にあるところのもの（自分）になる　11, 98-100, 154, 156, 184, 195-96
行為者性　70
高位の（タイプの）人間　20, 127, 156, 181, 190-91
幸福、幸せ　27, 34, 39, 49, 67, 93, 104-05, 107, 115, 119, 177, 181, 189, 192
コフマン，サラ　200

さ行

残酷　118, 167-68
ジームズ，ケン　206
自己　11, 23, 29, 37-38, 47-48, 57-58, 61, 64, 71-72, 96-100, 108, 111, 129, 134, 136, 147, 149-50, 153-57, 166-70, 173-74, 176-77, 189-90, 196
自己創造　98-99, 149-50, 153, 196
自己／自分自身を創造する　98, 100, 149, 153-55, 190
自然主義　54-56, 66, 137, 140
自由　9, 29, 39, 51, 59-60, 62-63, 70-71, 107, 134-36, 147, 149-53, 156, 169, 180
宗教　56-58, 68, 102, 120, 177, 189, 193
自由（な）精神　9, 51, 62-63, 135, 180
主権者的個人　169
主人、　主人道徳　15-16, 20, 133-34, 170-71, 173-74
シュトラウス，ダーフィト　41-42
シュトラウス，リヒャルト　101
衝動　29, 63-65, 71-73, 97-100, 109-13, 115-17, 133, 136-37, 147-51, 153-58, 167-68, 170-71, 177, 187-89, 196
ショー，ジョージ・バーナード　200

索引

あ行

アイスキュロス　28
アフォリズム、箴言《しんげん》　53, 55-56, 115, 130, 186
アポロ　28-31
アンドレーアス＝ザロメ，ルー　10-11, 54-55, 104-05, 131
因果　24-25, 36, 60, 64-65, 109-11, 151, 157, 193
ヴィトゲンシュタイン，ルートヴィヒ　19
ヴォルテール　52-53
ウディ，アレン　15
運命　8, 30, 55, 81, 83, 97-100, 123, 150, 169, 193, 195-97
運命愛、アモール・ファティ　80-83, 95-97
永遠回帰　15, 75, 79-80, 82-83, 96, 106, 122-27
エウリピデス　34

か行

懐疑主義、懐疑論　39, 147
快楽主義　33, 187
カウフマン，ウォルター　103
科学、サイエンス　39, 52, 54, 64-65, 77, 137, 141-42, 176, 178-79, 193
ガスト，ペーター　12
価値転換　91-93, 162-63, 182-83, 186, 189, 192
価値の創造　93, 115, 188-89
神の死　15, 75, 83-88, 90-92, 106, 117, 126, 129, 179-80
慣習、風習　67-70
カント，イマヌエル　25, 31, 35-36, 39, 53-54, 60, 69, 71, 136
観念論　52-53
客観性　18, 44, 145-46
キューブリック，スタンリー　102, 118
ギリシア　23, 27-28, 30, 33, 37-38, 46, 77, 134, 186
キリスト，イエス　41, 89, 191-92, 194
キリスト教　10, 30, 35, 38-39, 41, 46, 48, 85, 87-91, 108,

《著者略歴》

ピーター・ケイル　*Peter Kail*

イギリス出身。セカンダリースクール卒業時の義務教育修了試験（O レベル試験）で大失敗。16歳でドロップアウトして、プロのミュージシャンを目指すも夢破れる。大学進学に必要な一般教育修了上級試験（A レベル試験）のために夜間学校に通い、大学見学で気に入ったキール大学に入学、古典学と哲学を専攻。ケンブリッジ大学で哲学の Ph.D. を取得。エディンバラ大学哲学科講師などを経て、現在、オックスフォード大学哲学科准教授。専門はヒュームやニーチェの哲学。2015年には、主に欧米の著名なニーチェ研究者を中心として構成される「国際ニーチェ研究学会（The International Society for Nietzsche Studies）」を共同設立。日本では近世イギリス哲学、特にヒュームの研究者として知られ、2018年には東京大学などで招待講演を実施。著書に *Projection and Realism in Hume's Philosophy*（Oxford, 2007）、共編著に *Nietzsche on Mind and Nature*（Oxford, 2015）などがある。

《訳者略歴》

大戸雄真　*Yuma Oto*

1994年、熊本県生まれ、千葉県育ち。慶應義塾大学大学院文学研究科哲学・倫理学専攻（倫理学分野）修士課程修了。同大学院在学中、交換留学生としてサウサンプトン大学哲学科修士課程に学ぶ。専門はニーチェ哲学。論文に、「分析系ニーチェ研究への招待――難解なニーチェ哲学をクリアに解釈する」（『フィルカル』第 5 巻第 1 号、2020年）、訳書に、ブライアン・ライター『ニーチェの道徳哲学と自然主義――『道徳の系譜学』を読み解く』（春秋社、2022年）がある。

太田勇希　*Yuuki Ohta*

1985年生まれ。哲学者。2015年オックスフォード大学哲学科博士課程（DPhil）修了。2018年までオックスフォード大学セント・ヒューズ・カレッジでポスドク研究員。2023年現在は UCL（ユニヴァーシティ・カレッジ・ロンドン）で ERC（欧州研究評議会）助成プロジェクト「The Roots of Responsibility（責任の源流）」の代表代理。専門は行為の哲学、哲学的心理学、メタ倫理、カントの実践哲学など。

SIMPLY NIETZSCHE
by Peter Kail

わかる！ ニーチェ

2023年7月20日 第1刷発行

著者――――――ピーター・ケイル
訳者――――――大戸雄真＋太田勇希
発行者――――小林公二
発行所――――株式会社 春秋社
〒101-0021 東京都千代田区外神田 2-18-6
電話 03-3255-9611
振替 00180-6-24861
https://www.shunjusha.co.jp/
印刷――――――株式会社 太平印刷社
製本――――――ナショナル製本 協同組合
装丁――――――芦澤泰偉

ISBN978-4-393-32396-0
定価はカバー等に表示してあります